Marion Weber / Richard Lawall

Glücksfall Liebe

HERDER / SPEKTRUM

Band 4613

Das Buch

In vielen Paaren lebt die Sehnsucht nach den alten Idealen von dauerhafter Beziehung und ehelicher Treue wieder auf. Immer mehr Paare entscheiden sich für Beständigkeit und Dauerhaftigkeit in der Beziehung, und erstaunlicherweise ist sehr vielen Paaren gelungen, über 10, 20, 30 und mehr Jahre zusammenzuleben. Wie haben sie das gemacht, welche Regeln, Prinzipien und Gesetzmäßigkeiten gibt es für diese Paare?

Die Psychologin *Marion Weber* und *Richard Lawall* haben mit vielen von ihnen gesprochen. In jedem Einzelfall hat das jeweilige Paar seine eigenen Möglichkeiten, Kunstgriffe und Tricks gefunden, dem Liebesglück nachzuhelfen, um der Partnerschaft Dauer zu verleihen. Der Leser erfährt in diesem lebendig und anregend geschriebenen Buch sehr anschaulich und konkret, worauf es ankommt, damit eine dauerhafte Partnerschaft gelingen kann. Ein abschließender Fachkommentar der bekannten Eheforscherin *Helga Hammerschmidt* durchleuchtet die psychologischen Hintergründe. Lebendig, konkret und fachlich zuverlässig – ein hilfreicher Ratgeber für alle Paare, die auf Dauer zusammenbleiben möchten.

Die Autoren

Marion Weber, geboren 1936, Diplom-Psychologin, Gestalttherapeutische Ausbildung in den USA, freipraktizierende Psychotherapeutin in München.

Richard Lawall, Jahrgang 1927, war 45 Jahre in leitender Position in der Industrie im In- und Ausland tätig. Lebt in München.

Helga Hammerschmidt, geb.1935, Diplompsychologin und Psychotherapeutin, Schwerpunkt Paarforschung; Mitarbeit an einer Acht-Länder-Studie über Langzeitehen.

Marion Weber / Richard Lawall

Glücksfall Liebe

Was Paare zusammenhält

Mit einem Beitrag von
Helga Hammerschmidt

Herder

Freiburg · Basel · Wien

Originalausgabe

Alle Rechte vorbehalten – Printed in Germany
© Verlag Herder Freiburg im Breisgau 1998
Herstellung: Freiburger Graphische Betriebe 1998
Umschlaggestaltung: Joseph Pölzelbauer
Umschlagmotiv: © Karl-Heinz Raach
ISBN 3-451-04613-X

Inhalt

Paargespräche

Laß dich doch von mir berühren!

Gemeinsam sind wir stark

Was der Partnerschaft Dauer verleiht

Helga Hammerschmidt
Der Weg zum Glück aus wissenschaftlicher Sicht

Vorwort

Ja, es gibt sie doch! Es sind sogar viele Frauen und Männer, deren Liebe zueinander in eine langjährige gute und erfüllte Beziehung geführt hat. Nur nimmt unsere Gesellschaft weit mehr Notiz von Meldungen über hohe Scheidungsziffern, sensationellen Hintergrundberichten zu gescheiterten Ehen und Beiträgen über Egoismus, Bindungsunfähigkeit, Sex und Gewalt. Gelungene Ehen finden einfach zu wenig Beachtung.

Deswegen spürt dieses Buch den Beweggründen und Verhaltensweisen nach, die solche Beziehungen in guten wie in schlechten Zeiten zusammenhalten. Dabei interessieren nicht nur die landläufig glücklichen Partnerschaften, sondern auch gerade jene, wo der Bund allen Widrigkeiten und Krisen zum Trotz gehalten hat. Für alle, die neugierig sind auf positiv erlebte Ehen, berichten neun sehr unterschiedliche Paare von ihrem gemeinsamen Lebensweg.

Wir haben mit diesen Paaren Interviews geführt und dabei nach folgenden Themenkreisen gefragt:

– Erste Begegnung und gegenseitige Anziehungskräfte;
– Motivation zum Zusammenleben und/oder Heiraten;
– Elternhaus und Kindheit;
– Entwicklungsphasen im Zusammenleben;
– Persönliche Entwicklung in der Beziehung;
– Wiederkehrende Konflikte und deren Bewältigung;
– Bedeutung von gemeinsamen oder getrennten Freundschaften und Freizeitaktivitäten;
– Beiträge zum gemeinsamen Lebensunterhalt;
– Körperkontakt und Sexualität;
– Anfangsvision der Beziehung und jetzige Einschätzung.

Die Fragen erscheinen nicht explizit in den Texten der Paargeschichten. Sie flossen locker in die Gespräche ein, und die Befragten griffen sie in unterschiedlicher Intensität auf. Alle Paargespräche sind inhaltlich authentisch, Namen und Umstände wurden aber so geändert, daß lediglich das Paar sich erkennen kann.

Mit dem „Glücksfall Liebe" hat es meist angefangen. Was danach kam, ist ein Kaleidoskop von Beweggründen zum Zusammenbleiben: Tiefe, gewachsene und immer wieder erneuerte Liebe, Gewohnheit und Aneinandergebundensein, gleiche Interessen, uneingeschränktes gegenseitiges Vertrauen, gemeinsame persönliche Entwicklung – aber auch Krisen und wiederkehrende Konflikte, mangelnde Auseinandersetzungsfähigkeit, Angst vor Veränderung und Verzicht auf persönliche Entwicklung.

Jedem Paargespräch sind einige Gedicht- oder Liedzeilen vorangestellt. So klingt in literarischer Form etwas wie die Leitmelodie oder das Grundthema der Beziehung an.

Das Buch endet mit einem Beitrag von Helga Hammerschmidt, die über eine Acht-Länder-Studie über Ehezufriedenheit berichtet.

Danksagung

Wir danken ganz herzlich allen Paaren, die uns so offen über ihren gemeinsamen Lebensweg berichtet haben. Wir haben nicht nur für dieses Buch, sondern auch für unsere Partnerschaft Wertvolles aus den Gesprächen schöpfen können.

Wir danken unserem Lektor Peter Raab. Er hat unsere Idee für dieses Buch gleich aufgegriffen und die Entstehung unterstützend und anregend begleitet. Außerdem verdanken wir ihm den Kontakt zu Helga Hammerschmidt.

Und nun wünschen wir Ihnen beim Lesen und Durcharbeiten unseres Buches viel Spaß und gute Erkenntnisse.

Marion Weber
Richard Lawall

Einführung –
Was Paare zusammenhält

Liebe Leserin, lieber Leser,

sicher kennen Sie das Gefühl: Es hat gefunkt! Ihre Gedanken kreisen ab jetzt nur noch um ihn oder sie. Und erstaunt stellen Sie fest, daß es möglich ist, im Alltag oder Beruf gut zu funktionieren, obwohl die Gedanken dabei auf Traumreise gehen. Sie sind sich gewiß, endlich dem Menschen begegnet zu sein, nach dem Sie immer schon gesucht haben. Es ist wie ein Zauber! Die Schmetterlinge schwirren nicht nur im Bauch, Sie spüren ihre Flügelschläge von der großen Zehe bis in die Haarspitzen – und immer wieder das beglückende Gefühl: Diesmal stimmt's! Dieser Mensch, den Sie da getroffen haben, ist einfach wunderbar. Sie können sich nicht getäuscht haben! Sie passen derart gut zusammen. Sie finden nichts, aber auch gar nichts auszusetzen. Endlich sind Sie am Ziel Ihrer innigsten Wünsche. Ihr ganzes Leben ist wie in farbiges Licht getaucht. Sie sind lebendiger, aktiver, Sie blühen auf. Ihre Freunde sehen Ihnen den veränderten Zustand an und fragen gleich: „Was ist denn mit dir los, bist du verliebt?" Die Antwort „ja" strahlt aus Ihren Augen. Wer das erlebt, hält den „Glücksfall Liebe" bei sich endlich für eingetreten. Sie spüren die Sehnsucht, geliebt zu werden, aber auch die Sehnsucht, selbst Liebe geben zu dürfen, in sich selbst das zu entwickeln, das der oder die andere uns geben soll, die tiefe Erwartung nach einem Fließgleichgewicht von Schenken und Beschenktwerden ohne deutliche Grenzen.

Wer sich so intensiv verliebt, sieht sein Gefühl ausschließlich durch den geliebten anderen Menschen hervorgerufen. Was viele nicht wissen oder nicht wahrhaben möchten, ist das: Je mehr Sie sich vorher eine erfüllende Partnerschaft gewünscht haben, je einsamer und sehnsüchtiger Sie gelebt haben, desto leidenschaftlicher verlieben Sie sich. Die Schmetterrlinge flattern umso ausgelassener, je länger sie es im Käfig aushalten mußten. Welch ein Glück, wenn diese Anfangsfaszination ohne größere Brüche in eine echte Beziehung oder eine Ehe übergehen kann! Welch ein Glück, wenn die Brille rosarot *und* klar war! Und welch ein Glück, wenn es keine Täuschung war, auf die unweigerlich die Enttäuschung folgen muß! Dann, aber nur dann, kann der Zug auf dem einmal befahrenen Gleis weiterfahren, das Ziel ist sichtbar.

In den meisten Fällen sieht es jedoch anders aus. Die Schmetterlinge werden immer müder, die Flügel schlagen langsamer, die Ausschläge gehen nicht mehr so weit, so tief. Und allmählich schleichen sich Gedanken ein, die gar nicht so willkommen sind. Das Rosarot der Brillengläser weicht farblosem Glas, durch das die Realität ganz nüchtern aussieht. So ist das also! Der geliebte Mensch ist zwar immer noch der wichtigste im Blickfeld, es kommen indessen mehr und mehr Ecken und Kanten zum Vorschein. Heimliche Zweifel an der zunächst so glücklich erschienenen Wahl tauchen auf. Im schlimmsten Falle stellt sich die Erkenntnis ein, daß dieser ehedem so ungewöhnliche Traummensch mit anderen Verflossenen fatale Ähnlichkeiten hat. Die ständigen Anrufe, die früher so entzückten, werden nun eher als Überwachung erlebt, das lustige kleine Augenzwinkern als regelrechter Tick, die lässige Kleidung als Schlamperei. Was um Himmels willen ist geschehen, fragt man sich – war ich denn blind?

Genau an dieser Stelle beginnt die Weichenstellung – geht die Fahrt ins Aus, in Enttäuschung, Resignation und Trennung oder entscheidet sich das Paar zur Beziehungsarbeit und bereitet damit dem „Glücksfall Liebe" den Boden? Sie haben richtig gelesen. Wir sprechen von Beziehungs-Arbeit, denn ohne Fleiß keinen Preis – und lohnt es sich nicht, für den Preis einer guten Beziehung zu arbeiten?

Wir haben nämlich festgestellt, daß jedes, wirklich jedes Paar unserer Befragung diese Beziehungsarbeit in irgendeiner Weise geleistet hat oder immer wieder leistet. Langjährige

Ehen fallen nicht vom Himmel! Mann und Frau müssen etwas dafür tun. Das hat für Sie einen enormen Vorteil: Sie brauchen nicht darauf zu warten, ob sich Ihre Zweisamkeit positiv entwickelt, Sie können von Beginn an bewußt und liebevoll Stolpersteine aus dem Weg räumen. Sie können einer guten gemeinsamen Reise ganz entschieden nachhelfen.

In den folgenden Berichten werden Sie in so gut wie jeder Ehe Licht und Schatten begegnen, und Sie können lesen – und vielleicht auch daraus lernen –, mit welcher Anstrengung, Kraft und Ausdauer Frau und Mann Krisen durchgestanden haben, um wieder zum Licht zu kommen.

Bei diesen Paargesprächen haben wir besonderes Augenmerk auf das Wie der Beziehungsarbeit gerichtet, und so möchten wir Ihnen im Anschluß an die Paargeschichten so etwas wie Leitlinien vorstellen und wärmstens empfehlen. Natürlich haben nicht alle von uns befragten Paare an jeder dieser Aufgaben gearbeitet – in jeder Beziehung wurden, je nach Anforderung, typische Schwerpunkte gesetzt. So können Sie aus jeder Ehegeschichte genau das lernen, was für Ihre Lebenssituation paßt.

Paargespräche

Fahrt auf hoher See –
Reparatur mit Bordmitteln

Terry und Peter

Wir lieben die Stürme
die brausenden Wogen
der eiskalten Winde rauhes Gesicht.
Wir sind schon der Meere
so viele gezogen,
und dennoch sank unsre Fahne nicht.

Seemannslied

Wir kennen das Paar flüchtig von einer Party bei Freunden in Hamburg. Die beiden sind uns damals – wir hatten dieses Buch noch gar nicht im Sinn – angenehm aufgefallen. Beide schienen auf ganz natürliche Weise im Mittelpunkt zu stehen. Dazu waren sie aber nicht laut oder auffällig oder gar extravagant. Sie wirkten durch ihre Ausstrahlung. Sie waren einfach da, und das richtig. So etwas nennt man wohl „Präsenz". Außerdem erschien die Frau sehr chic und attraktiv. Das machte uns neugierig auf sie.

Später erfuhren wir, daß sie Anwältin in eigener Praxis ist. Er ist ein erfolgreicher Herzspezialist, international bekannt und Autor vieler Fachbücher. Sie sind seit 21 Jahren verheiratet und haben drei Kinder.

Das eigentliche Treffen fand im Wochenenddomizil des Paares statt. Das Domizil ist eher eine Hütte, sehr einfach und gemütlich, das Paar plant Abriß und Neubau. –

Sie empfangen uns herzlich, Terry wirkt ganz anders als auf der Party: ungeschminkt, mit offenem Haar, Jeans und grauem Pulli (der hat am Ärmel ein großes Loch – er ist verschlissen).

Terry ist Engländerin mit französischer Mutter. Sie spricht ein wunderbares Deutsch, fehlerfrei, nur dadurch, daß sie die Worte wohl an einer anderen Stelle des Mundes bildet als die typische Deutsche und ein anderes „r" verwendet, erkennt man ihre Nationalität. Ihre Art zu sprechen erhöht ihren Charme.

Auch Peter wirkt leger in Hemd, Hose und Latschen. Er fragt nach unseren Wünschen, kocht Tee und Kaffee und bedient uns freundlich.

Er: Wie wir uns kennengelernt haben? Ganz einfach, auf der Straße! Ich war siebzehneinhalb und sie sechzehn. Ich sah sie auf der Straße und dachte: das ist sie. Ich hatte noch kein Wort mit ihr geredet, aber ich wußte es einfach.

Sie: Ich war in dem kleinen Ort bei Verwandten zum Deutsch lernen. Da fiel ich als Fremde sofort auf.

Er: Nein, ich hab mein Auge auf dich geworfen, weil du so schön warst, dein Gesicht, deine volle blonde Mähne, dein Gang, deine Haltung, nicht weil du fremd warst! Ich folgte dir heimlich und vergaß ganz, wo ich eigentlich hin wollte, so fasziniert war ich. – Ein paar Tage später gab ein Freund eine Party, da hab ich dich wiedergesehen, und ich dachte wieder: die ist es!

Sie: Auf der Straße da habe ich nichts gemerkt, aber auf der Party fielst du mir gleich auf. Du warst wirklich der frechste von allen. Meine Freundin sagte, du seist ein Draufgänger, das mußte sie mir dann erst mal erklären. Sie warnte mich vor dir! Du hast mich dann gleich in die hinterste Ecke des Gartens geführt und mir da deine drei einzigen Worte Französisch verraten: la vie est dure sans confiture. Ich glaub, die Confiture hättest du dir am liebsten gleich da im Garten von mir geholt. Aber natürlich blieb es harmlos. Ich fand dich nett, das Freche gefiel mir, du warst kein Langweiler. Schon zu dieser Zeit hat etwas Wichtiges für uns angefangen: wir lachen gern miteinander. Ich habe damals die tollsten Wortkombinationen erfunden, und du hast dich vor Lachen gebogen, das war so ansteckend, daß ich einfach nicht anders konnte, als mitlachen. Wir hatten so unsere harmlosen Späße. Aber das war alles. Wir trafen uns dann ein paarmal, kamen uns auch ein bißchen näher. Dann war mein Aufenthalt in Deutschland auch schon vorbei, und wir mußten uns trennen.

Er: Und dann begann eine lange Brieffreundschaft, es war das reinste philosophische Seminar. Wir haben uns wirklich über alles Gedanken gemacht. – Inzwischen machten wir beide auch so unsere Erfahrungen und hatten Freundschaften. Dann sahen wir uns ab und zu mal in den Ferien, und es wurde allmählich auch für dich mehr als eine Brieffreundschaft. Wir mochten uns einfach sehr, und ich wurde mir immer sicherer, d. h. ich blieb sicher.

Sie: Ich verliebte mich dann auch richtig in dich, aber anders als du, eher langsam. An eine feste Bindung dachte ich noch nicht. Dann machten wir zusammen Urlaub in Dänemark, da ist es dann passiert. Ich weiß es noch wie heute. Du wolltest unbedingt an einer bestimmten Stelle schwimmen, mir war es da zu gefährlich. Als du dann aus dem Wasser kamst, so richtig nach Meer rochst … da war dann auch für mich klar: Es ist mehr als eine Beziehung, es sieht nach Zukunft aus. Wir trafen uns dann, wann immer und wo immer es ging, und es war immer schön und spannend, ich fand dich total interessant und auch sexy. Wir verstanden uns ausgezeichnet. Ich war inzwischen Übersetzerin und arbeitete in Luxemburg. Du warst als Medizinstudent in Brüssel. Damals galten ja die EG-Richtlinien, und ich konnte nicht einfach weg, wir hätten gerne zusammen gelebt. Da kamen wir auf die Idee zu heiraten. Als Verheiratete hatte ich dann ein Recht auf einen Arbeitsplatz am Wohnort meines Mannes. Es waren seit unserem Kennenlernen übrigens sechs Jahre vergangen!

Er: Zu heiraten, das war 1971 eher peinlich. Wir gehörten zur 68er Generation, heiraten war spießig, das machte man nicht in unseren Kreisen. So taten wir es fast heimlich, wie nebenbei. Nur unsere Eltern und Geschwister wurden eingeladen.

Sie: Ich hatte natürlich auch kein weißes Kleid an, wir gingen beide in Alltagskleidung, so richtig als wär nichts Besonderes. Eigentlich träumte ich aber von einer romantischen Hochzeit, aber das traute ich mir nicht zu sagen. – Dann konnten wir endlich zusammenziehen. Ich zog mit in deine WG in Brüssel, das ging alles ganz einfach. Unseren Freunden erzählten wir es erstmal nicht, aber natürlich kam es dann doch raus. Sie waren erstaunt, aber akzeptierten uns jetzt auch als Ehepaar. Wir waren uns von vornherein darüber im klaren, daß wir eine moderne unbürgerliche Ehe führen wollten, d. h. wir wollten alles: beide einen hochqualifizierten Beruf, zwei bis drei Kinder, die sollten auf jeden Fall auf die Internationale Schule, wir wollten viel reisen und viel erleben. Über einen wesentlichen Punkt haben wir nicht geredet, das war die Treue in der Ehe.

Er: Für mich stand fest, daß man in einer modernen Ehe nicht treu sein muß. Für dich war das nicht klar, und das hat dir ja anfangs auch sehr zu schaffen gemacht. Aber davon spreche ich später noch genauer. Jetzt kommt erstmal unser Umzug.

Als ich mit dem Studium fertig war, überlegten wir uns nämlich, wo wir leben wollten, wir wählten Hamburg. Dort bezogen wir in der Nähe der Uni ein Studentenappartement, 35 qm, aber es ging.

Sie: Mit diesem Ortswechsel änderte sich dann auch viel in unserem Leben. Wir wußten beide, daß wir Kinder wollten, und ich dachte mir, Kinder kriegen und studieren, das paßt gut zusammen. Ich hatte mich immer schon für Jura interessiert und fing ein Studium an. Ich konnte das Studium und die kleine Familie gut unter einen Hut bringen. Ich las sehr viel, anstatt in die Uni zu gehen. Ich war viele Stunden zu Hause. Nach eineinhalb Jahren Ehe kam unsere erste Tochter. Wir lebten immer noch auf 35 qm und fanden einen wunderbaren Platz für unser Baby. Wir hatten so ein besonders tiefes Bücherbord in einer Nische. Da räumten wir aus einem Fach die Bücher aus, legten eine kleine Matratze rein, und fertig was das Babybett.

Er: Ich arbeitete und du studiertest. Als du dann mehr Seminare besuchen mußtest, gründeten wir an der Uni eine Krabbelgruppe, die wir abwechselnd mit anderen Studenteneltern betreuten. – Es schien uns ganz gut zu gehen, dachten wir jedenfalls. Aber ich bekam ein Magengeschwür. Ich glaube, wir taten nur so lässig, aber die Verantwortung belastete doch. Ich hatte auch gräßliche Träume, in denen steckte ich das Baby in den Müllschlucker, und weg war es. Ein gutes

Jahr später kam unsere Tochter Jacqueline, die war trotz allem gewünscht und geplant. Sie kam auch schnell in die Krabbelgruppe.

Sie: Die Krabbelgruppe besteht übrigens immer noch! Diese Gruppe hat uns sehr genützt. Ich finde es auch heute noch toll, daß wir damals die Idee und den Mut hatten, so was auf die Beine zu stellen. Viele Eltern hatten ja nur auf so etwas gewartet. Es war o. k. so, aber es war auch sehr anstrengend. Ich wollte trotzdem gerne noch ein drittes Kind. Du wolltest nicht.

Er: Nein, zwei Kinder, das war o. k. Ich war schwer zu überzeugen zum dritten, aber sie hat es dann doch geschafft. Wir waren ja immer noch in der kleinen Wohnung. Aber das ging wohl auch deshalb, weil ich damals alle zwei bis drei Monate einen Monat als Schiffsarzt arbeitete, und ich war auch sonst viel unterwegs. Zur Geburt unseres dritten Kindes war ich aber da. Ich habe alle Geburten miterlebt.

Sie: Für mich war es am Anfang schwer, daß du so viel unterwegs warst. Nicht wegen der Kinder, mehr emotional. Ich brauchte dich, deine Nähe, das Vertraute, dann habe ich aber auch gemerkt, daß es mir sehr gut tat, alles alleine zu managen. Ich war stolz, alles so gut zu schaffen.

Er: Dann hatte ich das Gefühl, daß es in Deutschland mit der Herzforschung nicht recht voran ging. Ich fand eine Möglichkeit, für zwei Jahre nach Amerika zu gehen, dort in einer Klinik an einem Forschungsprojekt teilzunehmen. Wir besprachen alles gründlich miteinander, auch mit den größeren Kindern.

Sie: Ich hatte gerade mein Studium abgeschlossen und hatte Lust auf Neues. Also standen wir eines Tages mit drei Kindern und neun Koffern in New York am Flughafen.

Das war schwierig, aber wenn es bei uns richtig hoch her geht, gibt es immer wieder Situationen, in denen wir trotz allem lachen können. Das ist in der ganzen Familie so, das hilft und verbindet uns.

Er: Stimmt. Lachen ist zwar nicht immer die beste Medizin, aber in unserer Familie funktioniert's. In meiner Praxis wird übrigens auch viel gelacht.

Also weiter – so was gibt es wohl nur in Amerika: Der Klinikchef holte uns persönlich am Flughafen ab. Er lieh uns dann für 14 Tage sein Auto, damit wir uns leichter eingewöhnen konnten. So was macht in Deutschland auch keiner.

Sie: Aber das Wohnen war schrecklich. Wir zogen in eine Studentenunterkunft. Das war eine Mischung aus Kaserne und Baracke. Wie ich das sah, habe ich erst mal geheult. So hatte ich mir das Leben in Amerika nicht vorgestellt. Ich bin ein ästhetischer Mensch, Häßlichkeit kann ich nicht ausstehen. – Gut, ich veränderte und verschönerte was ging und gewöhnte mich daran. Außerdem war die Lage optimal, mitten in Manhatten. Über den Klinikchef und deine Kollegen bekamen wir auch schnell Kontakt, und so ging es im ganzen doch sehr gut.

Er: Wir hatten damals die Kinder schon so erzogen, daß immer das Älteste auf das Jüngere aufpassen mußte. Sonst hatten wir eigentlich keinen besonderen Erziehungsstil, schon mal gar nicht antiautoritär, wie man es damals in Deutschland machte. In Amerika fühlten wir uns schnell wohl. Ich arbeitete sehr engagiert und war begeistert von dem Lehr- und Lernklima. Ich lernte genau das, was ich wollte, und war schnell angesehen. Ich teilte mir die Zeit so ein, daß wir oft lange Wochenenden hatten. Dann packten wir unsere drei auf die Hintersitze und erkundeten das Land. Wir kennen Amerika besser als die meisten Amerikaner!

Sie: Vielleicht haben wir unseren Kindern damals ein unruhiges Leben bereitet. Sie saßen auf dem Rücksitz und stritten meist. Friede war dann im Motel, dann hieß es Fernsehen und Swimmingpool. Da damals im Fernsehen schon die Serien liefen, wurden diese Programme wohl so was wie eine Heimat für unsere Kinder. Kaum war das Fernsehen eingeschaltet, erkannten sie schon ihre Helden, so als wären sie gar nicht unterwegs. Dann tobten sie sich am Pool aus. So ging das viele Wochenenden. In der Woche habe ich sie oft für ein paar Stunden alleine gelassen. Ich streifte dann durch Manhattan und fotografierte. Die drei haben immer gut aufeinander aufgepaßt. Es ist nie etwas schief gelaufen. Vielleicht waren sie überfordert, vielleicht auch nicht. Jedenfalls sind sie alle sehr selbständig, an vielem interessiert und reiselustig.

Er: Auch in bezug auf die Kinder war Amerika genau richtig. Da ist ja alles viel leichter mit Kindern. Man sitzt im Restaurant, ein Kind schmeißt eine Cola um – kein Problem. Schnell kommt jemand und wischt es weg und stellt dem Kind einfach eine neue Cola hin. Ich glaube, diese Einstellung hat unseren Kindern sehr gut getan. Nach zwei Jahren lief mein Vertrag aus. Ich wäre gern noch einmal ein Jahr geblieben.

Ein Erlebnis hat uns besonders fühlen lassen, daß wir in Amerika richtig sind. Wir kamen eines Tages mit unseren drei Kindern in ein Restaurant, da schaute uns ein sympathischer Herr an und sagte zu seiner Begleiterin – einer Besucherin aus Deutschland –, indem er auf uns wies, „here comes young America". Wir fühlten uns wohl dabei und haben ihn in seinem Glauben gelassen.

Sie: Ich wäre auch gerne noch geblieben, das Leben war dort einfach leichter. Unsere Kinder haben uns aber beim Wort genommen. Wir hatten „zwei Jahre" gesagt, und sie wollten wieder nach Europa. Wir haben uns dann nach ihnen gerichtet.

Er: Zurück in Hamburg stellte sich heraus, daß diese Entscheidung genau richtig war. Ich ging in mein altes Krankenhaus zurück. Dort war ich mit meinen Kenntnissen aus der Herzforschung auf einmal der Erste. Man hatte hier von den Forschungen in den USA gerade eben etwas gehört. In den USA war ich einer unter vielen Ersten, hier wirklich *der* Erste. Dort blieb ich sechs Jahre. Dann kam es zu einem fürchterlichen Eklat, alles aufgrund eines Mißverständnisses. Ich wurde über Nacht rausgeschmissen. Montagmorgen saß ich in der S-Bahn, ich hatte im Vorbeigehen auf einer Boulevardzeitung auf der ersten Seite mein Konterfei gesehen, darunter eine diffamierende Schlagzeile. In der S-Bahn saß mir ein Mann mit eben dieser Zeitung gegenüber. Er sah mich an, er verglich mich offenbar mit dem Bild in der Zeitung. Es war ein entsetzliches Gefühl. Ich erfuhr dann in der Klinik von meinem Rausschmiß. Einfach so, nach sechs Jahren, und vor

Amerika war ich ja auch schon ein paar Jahre dort. Dann geschah aber etwas Unvorstellbares. Das ganze Team stand hinter mir, und alle gingen mit. Es gab einen Mordsaufruhr in der Klinik, die Presse – jetzt auch die seriöse – berichtete über den Fall. Ich war schnell rehabilitiert.

Sie: Es war vor allem für die Kinder schlimm. Die waren ja nicht über die Begleitumstände informiert. Ich wußte, was los war und stand voll hinter ihm. Aber die Kinder mußten sich viel anhören. – Unserer Ehe hat das Ganze aber nicht geschadet. Du warst dann ein halbes Jahr zu Hause und hast viel gedacht und geplant und geschrieben. In dieser Zeit haben wir gut zusammengehalten und auch gemerkt, wer unsere wahren Freunde sind. Ich habe in dieser Zeit viel mehr gearbeitet und sehr viel verdient. Ich fühlte mich so richtig gebraucht. Es war ein Rollentausch, und ich merkte, wie gut ich die andere Rolle ausfüllte.

Er: Ich habe die Nähe und Wärme der Familie in dieser Zeit sehr gebraucht und genossen. Ich hatte einen Platz, an dem ich mich uneingeschränkt wohl fühlte. Und dann spürte ich eine neue Kraft. Ich war ready to bounce back. Zuerst habe ich ein Buch geschrieben. Das habe ich dann meinem Chef gewidmet, der mich rausgeschmissen hat. Mir war nämlich klar geworden, daß es genau der richtige Zeitpunkt war zu gehen. Ich hatte schon immer an eine eigene Praxis gedacht, und nun war es soweit. Wir planten und suchten und rechneten. Nach genau einem halben Jahr eröffnete ich die Praxis ganz groß, mitten in der Stadt. Mein Team war mir treu geblieben, und so brauchte ich mich um Personal kaum zu kümmern.

Sie: Mit der Praxis kamen aber auch neue Probleme. Auf einmal warst du keinen Abend mehr vor zehn Uhr zuhause, warst müde und wortkarg, und hast dich nur noch vors Fernsehen gesetzt. Ich fand das furchtbar, genau das war ja für mich der bürgerliche Schreck, die Kinder haben auch protestiert, die hatten ja plötzlich auch gar nichts mehr von dir. Da war auch mit Humor nichts mehr zu machen.

Ich wurde immer unzufriedener und hab manches Mal geschimpft. In dieser Zeit hatte ich einen Verehrer, der hätte uns gefährlich werden können. Er war in meinem Alter, geschieden und auf der Suche nach einer Frau. Ich habe dich dann eines Abends konfrontiert und habe dir klipp und klar gesagt, daß du unsere Ehe gefährdest.

Er: Es war das einzige Mal, daß ich wirklich Gefahr spürte, und ich bekam eine gehörige Angst. Du hattest wegen meiner Affären, die zwar in dieser Zeit nicht liefen, sowieso schon immer ein Auge zugedrückt, und jetzt spürte ich, dieses Mal mußte ich handeln.

Sie: Du hast deinen Arbeitsrhythmus buchstäblich von heute auf morgen geändert. Das habe ich dir ganz hoch angerechnet. Verständlicherweise hatte ich dann auch keine große Lust mehr auf den „gefährlichen" Mann. – Du hast mich dann auch wieder mehr an deinem beruflichen Alltag teilnehmen lassen, so wie davor in der Klinik-Zeit. Die Krise war gemeistert.

Er: Gott sei Dank. Ich hatte kapiert: Egal was ich tue und wieviel Eigenleben ich habe, meine Frau und meine Kinder brauchen mich.

Sie: So fing in unserem Leben, in unserer Ehe wieder eine neue Phase an. Ich hatte inzwischen längst meine eigene Kanzlei, in der ich drei Tage pro Woche arbeitete. In der Zeit in Amerika hatte ich eine Zusatzausbildung in Counseling gemacht, das kam mir hier sehr zugute.

Er: Bleib doch mal bei den Konflikten. Das war gerade ein Beispiel dafür, wie wir ein Riesenproblem ausgeräumt haben, aber das Thema war doch nicht die einzige Reiberei zwischen uns; es gab doch dauernd was. Es fing schon ganz früh an und ging meist um Kleinigkeiten. Das ist bis heute so geblieben, das wiederholt sich ständig und nervt entsetzlich. Z. B. immer die Sache mit den Teetassen. Ich habe vier Teetassen, und sie bringt es immer wieder fertig, sie zu verräumen. Ich mache mir Tee, und es ist keine einzige Tasse da. So was kann man doch nicht verstehen, da muß man doch sauer werden. So geht das seit Jahren.

Sie: Du regst dich über jede Kleinigkeit auf. Z. B. über das Essen. Einmal hast du vor Wut ein Schnitzel an die Wand geknallt. Es war nicht so, wie du es wolltest. Ich konnte es dir einfach nicht recht machen. Gott sei Dank weiß ich, daß ich gut koche, alle außer dir finden das auch. Später hast du dann nicht mehr so heftig reagiert, dann warst du einfach still und hast kaum was genommen, das war aber genau so schlimm. Ich hab mich dann auch gefragt, ob du wirklich gegen das Essen protestierst oder ob das nur für was steht.

Er: Ich konnte früher entsetzlich wütend werden, z. B. wegen der Post. Du hast hundert verschiedene Stellen, die Post hinzulegen, seit 20 Jahren kannst du sie einfach nicht an einen festen Platz legen. Das war schon immer so und ist auch jetzt noch so. Oder die Zeitung, damit geht es genauso. Ich werde nun nicht mehr so wütend, aber sie ändert sich da einfach nicht, immer dieses Chaos.

Sie: Ja und wenn du nach Hause kommst und sagst: Wo ist die Zeitung, dann habe ich das früher immer als Befehl aufgefaßt, sie zu suchen, egal ob ich sie hatte oder die Kinder oder ob du sie selbst irgendwo hingeschmissen hattest. Dann ist mir aufgegangen, daß du dich wohl zu Hause benimmst wie in deiner Praxis. Da hast du immer hilfsbereite Geister um dich, die alles für dich tun. Bei uns in der Familie ist das aber nicht so. Das mußtest du erst lernen. Ich nehme das heute nicht mehr so tragisch, du hast deine Wut und basta. Das Problem bleibt bei dir. Inzwischen können wir auch darüber lachen.

Er: Seit wir kein Schnitzel mehr essen, werfe ich auch keines mehr an die Wand! – Bei unseren Konflikten gibt es noch was ganz Wichtiges: Ich bin Meister im Eisbrechen, ich kann immer wieder auf dich zugehen, bin immer versöhnlich.

Sie: Das ist gut so, denn ich bin dazu zu stolz, ich kann mich so schnell nicht wieder annähern. Da bin ich dir immer dankbar für dein Entgegenkommen.

Er: Es gibt noch einen Problempunkt, d. h. es war mal ein schlimmes Problem für dich und damit auch ein bißchen für mich, obwohl ich von Anfang an zu dem stand, was ich für gut hielt.

In meinen Zeiten als Schiffsarzt, ganz am Anfang unserer Ehe, habe ich ganz schön über die Stränge geschlagen. Schöne, interessante Frauen, ungefähr zehn Jahre älter als ich, waren schon immer meine Sache und sind es auch heute noch. Damit habe ich dich am Anfang sehr verletzt. Ich habe dir zwar immer gesagt, daß das mit unserer Ehe nichts zu tun hat, aber du hast es nicht geglaubt, du warst verletzt und eifersüchtig. Du hattest ein anderes Weltbild: Sex und Liebe gehören zusammen. Das war bei mir immer anders. Und außerdem habe ich ein starkes Urvertrauen: Unsere Ehe ist stabil, die bleibt. Nichts kann die Ehe wirklich bedrohen.

Sie: Obwohl wir uns ja diese unbürgerliche Ehe vorgestellt hatten, war das Thema sexuelle Treue etwa acht Jahre lang ein Dauerbrenner. Wir haben immer wieder miteinander gesprochen, und immer wieder prallten unsere unterschiedlichen Auffassungen unlösbar aufeinander. Du wolltest einfach haben, was du brauchst, du hast mir das gleiche Recht eingeräumt, ich hatte aber keine Lust, davon Gebrauch zu machen. Aus Rache und Verletzlichkeit wollte ich mich nicht auf ein außereheliches Abenteuer einlassen.

Ich habe in dieser Zeit depressiv reagiert. Ich habe nämlich eher einen Urzweifel als ein Urvertrauen, vor allem wenn du diese Sätze hattest … die Frauen über vierzig … Ich war erst dreißig und fühlte mich zurückgesetzt. Sollte ich erst vierzig werden, um dich zu faszinieren? So hatte ich mir unsere Ehe nicht vorgestellt.

Erst viel später habe ich diese Freiheit auch für mich in Anspruch genommen, ziemlich vorsichtig. Da habe ich gelernt, daß die Entwicklung der Sexualität wohl hauptsächlich außerhalb der Ehe stattfinden muß. Man lernt Neues, bringt es in die Ehe ein und alle profitieren.

Er: Ich bin froh, daß sie es auch so macht. Ich bin nie eifersüchtig. Ich denke, was für meine Frau gut ist, ist auch für mich gut. Als du neulich in Urlaub warst, nicht alleine, war das für mich o. k. Ich würde mich nie scheiden lassen. Ich kann mir ein Leben ohne euch nicht vorstellen.

Sie: Bei mir ist das anders. Ich bin ja auch emotional beteiligt – das bist du ja nicht bei deinen Erlebnissen. Da ist es schon manchmal schwer, in die Familie zurückzukommen.

Er: Aber, Gott sei Dank ist unsere Sexualität an dem Ganzen gewachsen. Sie ist mir sehr wichtig, und sie trägt auch mit zum Erhalt der Beziehung bei.

Sie: Ja das stimmt. Das sehe ich auch so. Wir haben sowieso auch im Alltag viel Körperkontakt. Wir gehen Arm in Arm oder rollen uns zusammen zum Fernsehen. Unsere Kinder sehen uns so und finden das normal und schön.

Er: Seit ich in Amerika war, werde ich überall in der Welt zu Vorträgen eingeladen. Manchmal, wenn es gerade ging, habe ich die ganze Familie mitgenommen. Die Kinder gingen in die Internationale Schule, und da hat man Verständnis für so was. Manchmal flogst du mit mir, ganz oft fliege ich aber auch alleine.

Sie: Wenn du weg bist, das finde ich jetzt auch gut. Jeder von uns braucht auch das Getrenntsein. Ich freue mich dann immer, wenn du wieder kommst. Generell muß ich sagen, ich brauche meine eigene Entwicklung nicht nur sexuell, ich muß mir selbst Neues erschließen, etwas, das über die Normalität des Miteinander-Lebens hinausgeht, und das ist mir in dieser Ehe gut gelungen. Ich male und fotografiere. Ich wandere gern. Neuerdings interessiere ich mich für Architektur. Ich höre Vorlesungen und rede hinterher mit dir darüber. Wir tauschen uns sowieso viel aus.

Er: Wir gehen zwar jetzt oft getrennte Wege und haben viel am Hals, aber wir machen jedes Jahr ein- bis zweimal Urlaub zusammen. Bis vor zwei Jahren waren wir dann immer mit allen Kindern unterwegs, meist in Amerika. Wir sprechen ja alle fließend englisch, das macht das Reisen dort einfach. Seit die Kinder größer sind, d. h. seit zwei bis drei Jahren, fahren wir zu zweit los, das Ziel ist geblieben.

Wenn wir irgendwo ankommen, stürzen wir uns gleich auf die lokalen Zeitungen und beäugen das kulturelle Angebot. Wir hören Vorträge, gehen in Ausstellungen und haben ein besonderes Talent, Leute kennenzulernen. Wir gehen auch in die Buchhandlung und kaufen die neuesten Bücher, die wir sofort verschlingen. Es ist selten langweilig zwischen uns. Der intellektuelle Austausch ist in unserer Beziehung sehr wichtig. Das war schon immer so, es hat ja eigentlich mit unserem damaligen Briefwechsel schon angefangen. Wir reden einfach sehr gern miteinander, oft auch auf englisch. Wir lesen viel und sprechen darüber, gehen viel ins Kino und in Ausstellungen. Wir sind ja jetzt mit dem Haus hier oder mit dem geplanten Neubau in eine neue Phase getreten. Das Projekt ist unser viertes Kind. Das ist ja überhaupt seltsam bei uns. Woanders gehen die Kinder aus dem Haus, bei uns sind es die Eltern, die gehen. Wir haben das Haus seit vier Jahren und sind seit einem Jahr fast jedes Wochenende hier draußen. Wir beziehen uns jetzt noch mehr aufeinander. Ich bin solider und häuslicher geworden, du aktiver und ein bißchen frecher, und daß du älter wirst, das macht dich immer schöner.

Meine Eltern waren schon ziemlich alt, als ich geboren wurde. Eigentlich liegen eineinhalb Generationen zwischen uns. Es gab wenig Kontakt in der Familie. Mein Vater war Physiker, er war eine Art Hans im Glück, d. h. er konnte sein Geld nicht gut verwalten. Deshalb hatten meine Eltern auch häufig Streit ums Geld, sie brüllten sich an deshalb. Mein Vater war auch sonst ein Streithansel, er hatte immer Prozesse laufen, die er meist verlor. Ich habe mir geschworen, daß ich nie ums Geld streite in meiner Ehe. Und es gab darüber auch nie Streit. Wir hatten anfangs sehr wenig Geld, jetzt haben wir sehr viel. Jeder nimmt, was er braucht, und fertig. Mein Vater lebte sehr in der Zukunft, hatte immer Ideen. Er vermittelte mir das „go west"-Gefühl. In dieser Hinsicht habe ich viel von ihm profitiert. Sonst war die Ehe meiner Eltern aber kein Vorbild für mich. Meine Mutter war zwar immer da, aber sie hatte wenig Gewicht in der Familie.

Sie: Mein Vater war Finanzbeamter, meine Mutter die Intellektuelle und Emotionale. Mein Vater hatte es nie so recht zu Vermögen gebracht. Er tat viel umsonst für andere, war sehr altruistisch. Wir wohnten in der Unterstadt, und meine Mutter hatte das Gefühl, sie gehöre in die Oberstadt. Sie hat viel geklagt. Es drehte sich alles um sie und ihre Bedürfnisse. Wir Kinder hatten nicht viel von ihr, sie hat eigentlich die ganze Familie terrorisiert. Eine gute Ehe war das nicht gerade. Ich wollte es jedenfalls anders machen, und das ist ja auch recht gut gelungen.

Unsere Ehe ist wie eine Fahrt auf hoher See, mal stürmisch, mal ruhiger, aber immer in Fahrt.

Er: Wenn ein Schiff einmal in Fahrt ist, kann man es schwer aufhalten und sehr schwer wenden. Wenn unser Schiff mal leck war oder sonstwie nicht funktionierte, dann haben wir es selbst repariert, wir haben nie eine Therapie oder sonstwas gebraucht – Reparatur nur mit Bordmitteln.

Was dieses Paar zusammenhält

Zwei Individualisten haben aus Liebe geheiratet und führen seit 25 Jahren eine sehr lebendige Ehe mit drei Kindern. Wie ist das möglich – was hält dieses Paar so wach, was hält diese zwei inzwischen auch freiheitsliebenden Menschen so fest zusammen?

Terry und Peter ist es von Beginn der Ehe an gelungen, eigene Interessen zu pflegen und unkonventionell zu leben. „Kinder kriegen und studieren, das paßt gut zusammen", dachte sich die Ehefrau, das Paar organisierte eine Krippe und machte das für viele Unmögliche möglich. – Dann wagte die junge Familie mit drei Kindern den ungewissen Sprung nach Amerika, lebte wieder unkonventionell und schaffte abermals einen bedeutsamen Entwicklungsschritt.

Außerdem unterbrechen beide die Intensität der Nähe in der Ehe immer wieder durch sexuelle Abenteuer. So können sie einander – zwar nicht sexuell, aber doch sozial – treu sein und die Kontinuität der Beziehung erhalten. Toleranz und Offenheit, aber auch viel Vertrauen machten diese Lebensform im Laufe der Jahre möglich. Durch den Ausbruch aus der Nähe bringt das Paar neue, anregende Impulse in die Ehe, so daß beide profitieren können.

Terry und Peter gehen beide einem anspruchsvollen Beruf nach. Außerdem haben sie sowohl eigene als auch gemeinsame Interessen und verreisen gern und viel miteinander.

Das Paar feierte übrigens inzwischen mit einem rauschenden Fest in einem Zelt an der Alster seine „Silver Party". Wir waren eingeladen – es gab wirklichen Grund zum Feiern!

Hürdenlauf zum Glück

Albert und Susanne

> Das Leben
> wäre vielleicht
> einfacher
> wenn ich dich
> nicht getroffen hätte.
> Es wäre nur nicht
> mein Leben.
>
> *Erich Fried*

Wir verbringen ein Wochenende in einem Hotel in den Bergen. Beim Frühstück fällt uns am Nachbartisch ein älteres Paar auf. Beide wirken sehr lebendig, sie sind intensiv im Gespräch und haben sich offensichtlich was zu sagen. Sie wirken wie ein Paar, das sich gerade erst kennengelernt hat.

Später kommen wir ins Gespräch und erfahren, daß sie seit dreißig Jahren verheiratet sind. Er hat eine kleine Erbschaft gemacht und hat sie für eine Woche in dieses schöne Hotel eingeladen. Sie hat angenommen – unter einer Bedingung: daß er im Hotel keine Hosenträger und keine Latschen trägt! Sie geben sich lässig und passen durch ihre Lebendigkeit gut zueinander. Er wirkt etwas verspielt, manchmal kommt das große Kind in seine Augen. Sie wirkt eher künstlerisch. Beide haben eine sehr sensible Ausstrahlung.

Sie: Wir haben uns in einem vegetarischen Restaurant kennengelernt. Eigentlich waren wir beide damals keine Vegetarier, aber in diesem Lokal trafen sich die Leute, die ein bißchen alternativ dachten, und zu denen gehörten wir. Ich hatte eine Notenmappe mit meinem Namen auf dem Tisch liegen, er setzte sich dazu, las die Aufschrift und sprach mich daraufhin an. Wir stellten schnell fest, daß unsere Urgroßväter miteinander verwandt waren. Gute Familie, dachte ich, bestimmt kein Heiratsschwindler! – Ich war damals dreiundzwanzig, und in dem Alter mußte man eigentlich längst verheiratet oder zumindest verlobt sein. Das kann man sich heute wohl gar nicht mehr so vorstellen, daß eine Frau ihre Identität so sehr übers Heiraten bezog. Aber es war so: eine verheiratete Frau war einfach mehr wert.

Er: Aber glaub nur nicht, daß das nur bei dir so war. Ich war zwar viel herumgekommen als Schreiner auf der Walz und hatte viel erlebt und viel gesehen. Aber mit den Frauen konnte ich's nicht. Alle meine Freunde waren auch schon verheiratet. Ich wurde als Junggeselle oft daraufhin angesprochen, ja sogar verspottet. Damals hatte man noch das Wort Hagestolz, aber von Stolz war keine Rede. Es war mir einfach peinlich, immer noch nicht verheiratet zu sein. Ich war also echt auf der Suche nach einer Frau. Ich wollte auch Familie, zwei bis drei Kinder und hatte romantische Vorstellungen von einem harmonischen Familienleben, dem ich so richtig vorstehen wollte.

Ich komme aus einer gescheiterten Ehe. Ich war sechs Jahre alt und mein Bruder zehn, als meine Eltern sich trennten. Wir wuchsen beim Vater auf. Zuerst mit einer sehr patenten Haushälterin aus Afrika, die wir Kinder sehr liebten. Später heiratete mein Vater wieder, und wir bekamen eine Stiefmutter und noch vier Halbgeschwister. Mein Bruder und ich, wir waren ja jetzt die Großen, halfen mit viel Liebe und Eifer, die neuen Geschwisterchen großzuziehen. So hatten wir sozusagen die Ausbildung als gute Familienväter und träumten von den dazu passenden wunderbaren Ehefrauen. Wenn schon unsere Mutter die Familie verlassen hatte, so wollten wir uns doch „richtige" Frauen suchen.

Ich mußte aber im Krieg noch als Flakhelfer mitmachen, dadurch verzögerte sich in meinem Leben viel. Nach der Mittleren Reife machte ich erstmal eine Schreinerlehre. Dann dauerte es sehr sehr lang, über viele Umwege und Durststrecken, bis ich beruflich ungefähr soweit war, eine meiner Herkunftsfamilie und meinen Vorstellungen entsprechende Partnerin zu suchen.

Sie: Ich hab da auch eine besondere Geschichte hinter mir. Mein Vater war im Krieg und kam zurück, als ich sieben Jahre alt war. Er hatte erfahren, daß wir nicht mehr im russisch besetzten Leipzig, sondern im unzerstörten Heidelberg bei meiner Großmutter gelandet waren. Großmutter bewohnte eine riesige Dienstwohnung im Kreisschulamt. Aber nicht nur mein Vater hatte erfahren, daß wir hier lebten, allen unseren ausgebombten Verwandten ging es ebenso. Und so kam es, daß immer mehr auftauchten, um bei uns unterzuschlüpfen. Das Haus wurde immer voller. Wir nannten uns damals die Herberge zum guten Herzen oder ganz einfach die Gummiwohnung.

Mein Vater hat bis zur Bewußtlosigkeit gearbeitet, um die Mäuler zu stopfen. Für Zuwendung für mich als viertes Kind blieb da keine Kraft und keine Zeit. Außerdem war ich ein sehr lebhaftes Kind, frech und ungezügelt. Mein Vater wollte aber eine Tochter, die sein Prestige aufpoliert, und dazu war ich einfach nicht geeignet. Dazu kam, daß mein Vater sehr musikalisch war und es mit meiner musikalischen Begabung nicht gerade rühmlich aussah – auch hier konnte ich seine Aufmerksamkeit nicht erringen. Ich wurde also von ihm wenig bis gar nicht beachtet. Das hat mir ein lebenslanges Defizit eingebracht. Ich kann nur sagen, Gott sei Dank hatte ich meinen Großvater. Ich liebte ihn sehr und er mich auch. Er unternahm viel mit mir und erklärte mir die Natur. Sein Tod war eine Katastrophe für mich, und ich fühlte mich verlassen und traurig wie nie zuvor.

Ich hielt mich dann ab der Pubertät hauptsächlich an alte, weißhaarige Männer. Die Tanzstundenjünglinge interessierten mich gar nicht. Mein erster richtiger Freund war dann auch tatsächlich achtzig, und meine Familie stand Kopf. Der zweite Freund warst du, du warst nur zehn Jahre älter als ich, das war schon ein enormer Fortschritt.

Unsere Ehe war also nicht nur durch den schnellen Anfang, sondern auch durch die Probleme der jeweiligen Herkunftsfamilien von vornherein sehr belastet und gestaltete sich weit schwieriger, als wir dachten. Wir wollten es doch so gut machen und fabelhafte Eltern sein und ein gutes Ehepaar. Aber es gehört eben so unendlich viel dazu, eine gute Ehe zu führen bzw. glücklich zu sein.

Doch zurück zum Anfang – ich hatte natürlich auch romantische Vorstellungen, vor allem von der Verlobungszeit mit Händchen halten, total verliebt sein und dauernd im Bett. Vor allem wollte ich so richtig umworben sein. Aber es kam nicht so. Wir trafen uns ein paarmal, es war nett, auch ein bißchen aufregend, aber so richtig rosarot romantisch war es nicht ... Eines Abends besuchte er mich, und als er heimfahren wollte, hatte er an seiner Ente das Licht angelassen. Die Batterie war leer, und so mußte er bei mir übernachten. In dieser Nacht wurde ich schwanger. Das war natürlich ein ganz großer Schreck und Schock. Immerhin ist es dreißig Jahre her. Als Lehrerin ein uneheliches Kind zu haben, das wäre damals fast undenkbar gewesen.

Er: Für mich war klar, daß ich zur Vaterschaft stehe. Eine Frau mit einem Kind sitzenlassen, das kam für mich nicht in Frage. Das Kind abtreiben lassen war für uns beide undenkbar. Also beschlossen wir zu heiraten. Trotzdem wußte ich damals, das Ganze war ein großer Fehler, und alles wird dadurch sehr schwer.

Sie: Ich wollte auch die Verantwortung für mein Tun übernehmen. So wie wir eingestellt waren, gab es keine andere Lösung. Im nachhinein muß ich mich wundern, daß wir das damals alles so besprechen konnten. Kommunikation war nämlich nicht gerade unsere Stärke.

Ich klaute dann zuhause das Stammbuch und leitete alles in die Wege. Ich wollte nicht, daß meine Eltern mir reinreden. Es war alles schon schwer genug. Als ich alles vorbereitet hatte, haben wir es ihnen gesagt. Ich war sehr überrascht, wie positiv sie es aufgenommen haben. Bei der Hochzeit war ich nicht gerade überglücklich, aber ich hatte den festen Willen, es zu schaffen.

Unsere Hochzeitsreise ging nach England. Dort wollte er übrigens ein Fahrrad kaufen, das er vor acht Jahren dort im Fenster gesehen hatte. Er glaubte, das stünde jetzt auch noch da – so naiv war er damals. Aber das war nicht das Schlimmste. Als ich hinten in seine Ente sah, war ich sprachlos. In der Ecke lag ein kleiner Koffer, aus dem quoll ein Federkissen, daneben lag die Unterwäsche, in die er seine englischen Pfund eingewickelt hatte, dazu eine Zahnbürste. Das war's. Meine romantischen Vorstellungen von chic ausgehen, sich als Paar zeigen, das fiel damit alles ins Wasser. Wir nahmen die billigste Übernachtung – und das Rad stand natürlich auch nicht mehr im Fenster. Als wir zurück kamen, wohnten wir erstmal bei meinen Eltern, das kostete wenigstens nichts. – Also es gestaltete sich von Anfang an schwierig, und so blieb es auch.

Ehe wir uns versahen, war unsere Tochter da, Gott sei Dank eine leichte Geburt. Wir zogen in eine kleine Wohnung.

Er: Wir hatten massenhaft Probleme, ständig die gleichen. Als erstes Geldprobleme. Mein Traumberuf war Architekt, ich hatte gedacht, dann hab ich auch genug Geld. Ich hatte aber nur immer so gerechnet: Benzin für meine Ente, die Miete für mein Zimmer und was zu essen. Ich wußte gar nicht, wie man eine Familie ernährt, und du bekamst ja auch so wenig. Ich wollte es aber unbedingt gut machen und nahm heimlich einen Kredit auf. Ich schämte mich, daß ich mit fünfunddreißig noch nichts gespart hatte.

Sie: Und ich dachte, du hättest das Geld. Wir haben halt über solche Dinge damals nie offen gesprochen.

Du liefst in dieser Zeit immer mit einer Lätschen rum, immer nur runtergezogene Mundwinkel. Und ich hab mich immer, wirklich jahrzehntelang bemüht, dich glücklich zu machen, rauszufinden, was dir ein Lächeln abzwingt. Eines Tages kamst du mal lächelnd nach Hause, aber mir ging auf, daß du dieses Lächeln aus dem Büro mitgebracht hast, es galt nicht mir, nicht unserem Familienleben.

Dieses Auf-dich-Eingehen und nichts erreichen, dafür gibt es doch noch ein Superbeispiel: Ich fragte dich einmal, was ich kochen sollte. Da antwortest du mir, ich würde ja nur fragen, weil ich immer so unsicher wäre. Da hatte ich's also zurück. Das war ein Musterbeispiel für unsere Kommunikation, immer voll daneben. Es war die Hölle.

Unser Leben war ein ständiges Kämpfen. Einmal mit der Zeit – nach der Schule sauste ich immer einkaufen und holte schnell das Kind vom Kindergarten und kochte das Mittagessen. Dann mit dem Geld. Ich wollte nun mal alles einigermaßen schön haben, dazu reichte es aber trotz Kredit hinten und vorne nicht.

Später, als du den Kredit abgezahlt hattest, gingen die Geldprobleme weiter. Du hast ja immer viel gebastelt und gebaut. Dazu hast du am Monatsanfang alle möglichen Werkzeuge und Maschinen großzügig eingekauft. Ich habe das wortlos hingenommen, obwohl ich innerlich gekocht habe. Ich hab das Defizit mit meinem Einkommen so gut es ging kompensiert und dachte immer: Er muß doch merken, wie schwierig das alles für mich ist. Du hast aber nichts gemerkt, deshalb war viel dicke Luft zwischen uns. Ich fühlte mich schrecklich in dieser Zeit.

Er: Ich hab das nicht so gemerkt, das stimmt. Ich war den ganzen Tag in der Arbeit und hatte meine eigenen Sorgen, daß meine Frau nicht glücklich war, das sah ich nicht. Glücklich war ich aber auch nicht mit meinem Leben. Ich konnte mich dir gegenüber aber auch nicht darüber äußern.

Ich habe nur gearbeitet, manchmal zehn bis zwölf Stunden. Ich wollte unbedingt ein guter Ehemann sein und die Familie finanziell gut versorgt wissen. Ich gab Unterricht in Bauzeichnen und hatte noch hunderttausend andere Aufgaben übernommen.

Zuhause hab ich dann noch rumgebastelt und hier und da was repariert. Dann war ich müde und bekam null Anerkennung. Du hast immer nur gemeckert, daß ich dir im Haushalt nicht helfe.

Als das zweite Kind kam, wurde alles nur noch schwieriger. Du hattest ja wieder angefangen stundenweise zu arbeiten, vielleicht war deshalb bei uns immer Chaos. Aber sowas liegt uns wohl auch besser als gutbürgerliche Ordnung. Wir hatten auch nie irgendwelche feinen Möbel, eher etwas vom Flohmarkt, was ich dann aufarbeitete. Deswegen gab es auch immer etwas zu reparieren, man hatte nie Ruhe. Das ist das gleiche geblieben, wir leben immer ein bißchen provisorisch.

Sie: Also ich hab mich damals immer rasend um die Kinder bemüht, Haushalt und die Arbeit unter einen Hut zu bringen, und die ewigen Geldprobleme haben mich ganz zermürbt. Dazu hattest du immer in so einer altväterlichen, moralisierenden Art auf mich eingeredet. Ich fühlte mich dir dann charakterlich unterlegen und bin oft wutentbrannt aus dem Zimmer gerannt. Ich hab die Tür zugeknallt und bin im Wald verschwunden.

Dann hatten wir wieder mal einen guten Moment, in dem wir miteinander sprechen konnten. Da habe ich dir ganz klar gesagt, daß ich ein eigenes Konto haben möchte und ein festes Haushaltsgeld per Dauerauftrag. Gott sei Dank hast du zugestimmt. Das war ein wesentlicher Schritt zur Entspannung zwischen uns. Jetzt konnte es mir egal sein, ob du dein Konto überziehst oder nicht. Damit war aber nur ein Problem von vielen gelöst.

Ich hatte ja immer noch die Pille genommen. Dann habe ich damit aufgehört, ich hatte schon Krampfadern und konnte kaum noch stehen. Ich habe dann Kondome vorgeschlagen, die mußte ich besorgen. Aber du wußtest nicht richtig damit umzugehen, und so bekamen wir noch einen Sohn.

Er: Ja, es war eigentlich durchgehend daneben und trotzdem hätte ich mich nie scheiden lassen. Ich wollte einfach nicht abhauen, es war trotz allem eine starke Bindung.

Sie: Auch ich wollte unbedingt durchhalten, auf keinen Fall wollte ich es so machen wie deine Mutter, die den Vater mit den kleinen Kindern sitzengelassen hatte. Scheidung kam für mich nicht in Frage, obwohl ich oft darüber nachdachte.

Wir hatten ja auch angefangen, ein Haus zu bauen. Weil wir aber so wenig Geld hatten, machten wir außer dem Rohbau alles selbst. Es war eine unglaubliche Belastung, körperlich und seelisch. Als der Rohbau fertig war, zogen wir ein, es gab noch keine Türen und keine Fenster, wir konnten wirklich nur kampieren, nicht wirklich wohnen. Das war mit den drei Kindern nicht gerade einfach. Die Arbeit an dem Haus zog sich durch unsere ganze Ehe, und jetzt im Pensionsalter haben wir tatsächlich immer noch einige kleinere Arbeiten zu machen.

Um unsere finanzielle Situation zumindest etwas aufzubessern, ging ich nach sieben Jahren „Großer Pause" wieder in die Schule mit einem halben Lehrauftrag. Das war ein Kunststück besonderer Art. Mir fehlt nämlich die zweite Dienstprüfung. Die älteste Tochter wurde im Nachbarort eingeschult, einen Kindergarten für die zwei Kleineren gab es an unserem Wohnort nicht, das Haus stand mit Ausnahme der Küche im Rohbau. Wir hatten die Küche in den Sommerferien fertiggestellt, sie diente jetzt als Wohn- und Schlafraum für uns fünf.

Als das Haus zumindest provisorisch fertig war, hatten wir dauernd Besuch, meistens von meiner Familie oder meinen Freunden. Wir waren praktisch nie allein im Haus, immer gab es Unruhe. Eines Tages meldete sich dann wieder eine Clique an, diesmal deine Freunde, eine Gruppe aus London. Ich war nahe am Zusammenbruch, vor allem, weil ich mich mit dir einfach über nichts einigen konnte. Ich stimmte dem Besuch unter einer Bedingung zu: Du mußtest mit unterschreiben, daß du mit mir in eine Eheberatung gehst. Das tatest du auch. Der Besuch sagte dann zwar später ab, aber ich hatte dich gefangen.

Wir gingen dann ein halbes Jahr lang zur Eheberatung. Das war für mich *das* Erlebnis. Wir haben nicht unsere ganze Geschichte aufgearbeitet, der Therapeut hat uns unsere unklaren Kommunikationsmuster aufgezeigt und mit uns Spielregeln für den besseren Umgang miteinander erarbeitet. Es war für mich auch ungeheuer hilfreich von ihm zu hören, daß jeder Mensch das Recht auf seine eigenen Bedürfnisse hat, auch wenn sie nicht mit denen des Partners übereinstimmen. Ich hatte während dieser Beratung ein richtiges „Eiserner-Heinrich-Gefühl". Es war, als hätte sich ein Reifen von meinem Herzen gelöst.

Von da an ging es besser mit uns, obwohl du immer noch nicht mein Traummann warst.

Er: Auch du entsprachst keineswegs meinen Träumen. Aber wir hatten das Haus und die Kinder, und wir hielten fest zusammen. Vor allem konnten wir jetzt reden. Wir saßen nach der Beratung oft noch stundenlang zusammen und haben uns nachträglich gewundert, wieso wir uns jahrelang nicht ausgesprochen hatten.

Sie: Wir haben uns in dieser Zeit sehr entwickelt. Wir haben auch das damals für uns sensationelle Buch „Ich bin ich" gemeinsam gelesen und diskutiert. Wir fanden uns zum Teil richtig ertappt und erkannten viele unserer Fehler. Auch über unsere sexuellen Schwierigkeiten konnten wir reden. Wir haben sie zwar nicht gelöst, aber durch das Reden haben wir uns besser verstanden, und es entstand mehr Toleranz füreinander.

Für mich begann dann noch etwas sehr Wichtiges: Ich ging in einen Töpferkurs. Das war immer mein Traum, aber ich hatte mir nie Zeit genommen. Es wurde nun klar abgemacht, daß du an „meinem" Abend zuhause bist. Du hast zugestimmt, und ich habe gesagt, wenn du nicht pünktlich bist, gehe ich, und dann bist du verantwortlich für das, was im Haus geschieht, nicht ich. So haben wir es ausgemacht, und du hast dich daran gehalten, obwohl Pünktlichkeit immer schwer für dich ist. Später bist du mit in den Töpferkurs gegangen und noch später die ganze Familie. Dort haben wir wohl unbewußt einige unserer Probleme verarbeitet. Das Töpfern war jedenfalls Balsam für meine Seele.

Er: Weil ich immer viel Geld für meine Maschinen ausgegeben hatte, bekamst du als Ausgleich eine Töpferscheibe.

Sie: Ich war so begeistert, daß ich anschließend eine regelrechte Ausbildung machte. Jetzt gebe ich selbst Töpferkurse.

Ja, und dann kam unser viertes Kind, eine Tochter. Ich wollte sie dir ja damals eigentlich unterschieben, aber das ging dann doch nicht. Ich habe dir das ganz hoch angerechnet, daß du sie so angenommen hast. Sexuell lief bei uns nämlich kaum was. Mein Körper und meine Seele waren richtig ausgedorrt. Und dann passierte etwas. Ein Freund von dir wollte uns besuchen, du warst aber nicht da.

Er: Sexualität hat mich nie so besonders interessiert oder sagen wir mal, ich bin da nicht so stark. Da kann ich aber auch nichts dran machen, da nehme ich viel auf mich.

Sie: Ich war einfach nicht ausgelastet. Manchmal, wenn ich nach meinem Gymnastik-Kurs eine bestimmte Straße entlang fuhr und die Straßenmädchen stehen sah, hätte ich mich am liebsten dazu gestellt. Können Sie sich das vorstellen? Ich fühlte mich als Frau mit allen meinen Bedürfnissen einfach nicht gesehen. Mutter, Hausfrau, Lehrerin, das war für meine Begriffe einfach zu wenig.

Parallel zu allen Schwierigkeiten bastelten wir ständig an unserem Haus herum. Wir haben 75 Prozent Eigenarbeit eingesetzt und haben außer dem Rohbau wirklich alles selber gemacht. Deshalb können wir uns auch von diesem Haus nie trennen. Oft, wenn dicke Luft zwischen uns war, haben wir uns bei der gemeinsamen Arbeit wieder verstanden. Da waren die Rollen klar: er der Boß und ich der Handlanger. Sonst gab es viel Machtkämpfe in Sachen wer hat hier die Hosen an.

Er: Wir wußten wohl beide, daß uns nicht nur die Kinder, sondern auch das Haus zusammenhielt. Es hat manchmal eine Art emotionale Brücke geschlagen.

Sie: Obwohl wir inzwischen besser miteinander reden konnten und unsere Probleme dadurch nicht mehr so gravierend waren, blieb mein Hauptproblem weiter bestehen. Ich bin dann eine mich sehr erfüllende intime Beziehung zu einem anderen Mann eingegangen. Er war auch verheiratet, und es war ganz klar, daß Scheidungen nicht in Frage kommen. So blieben die Familien bestehen und mein Hunger nach geistig-seelisch-sexuellem Austausch wurde gestillt. Ich hatte endlich mal nicht mehr das Gefühl im Leben: „... und das war's jetzt?"

Er: Einfach war diese Zeit für mich nicht. Ich machte derweil Funk- und Telekollegs und stürzte mich ins Computern, was mir beruflich sehr zugute kam.

Sie: Dann hatte ich vor genau zehn Jahren den Wunsch, mir ein eigenes Zimmer einzurichten. Wir schliefen ab da kaum mehr miteinander. Dadurch wurde unser Leben viel entspannter, und wir wurden auf einmal richtig gute Freunde oder fast wie Geschwister. Es war wohl früher gar nicht klar, welcher Zündstoff die Sexualität war. Jetzt, wo er fehlte, wurde es ruhig und immer harmonischer.

Er: Und ich habe mit zunehmendem Alter immer stärker geschnarcht, wodurch ich unzureichend mit Sauerstoff versorgt war. In einem Schlaflabor fand man heraus, daß ich diese moderne Krankheit Schlafapne habe. Sicherlich hat das auch zu meiner Erschöpfung und Lustlosigkeit viel beigetragen. Aber das ist nun Schnee von gestern.

Sie: Trotz unserer vielen partnerschaftlichen Schwierigkeiten sind unsere drei Töchter hübsche, sehr patente und lebenstüchtige Frauen geworden, mit guten Berufen, die ihnen Spaß machen. Die Enkelkinder und Schwiegersöhne sind eine Bereicherung unseres Lebens! Aber eine schwere Last ist das Schicksal unseres Sohnes.

Er: Als er damals geboren wurde, nachdem die jüngste Tochter schon zehn war, war die Freude riesengroß. Ich betreute ihn genauso viel wie meine Frau, die dadurch halb im Schuldienst bleiben konnte. Ich spielte viel mit ihm, als er klein war, und später gingen wir gemeinsam Streiche machen.

Sie: Stellen Sie sich vor, er hat seinem Sohn gesagt, welchen Unsinn er machen soll, anstatt ihn mit den anderen Kindern des Dorfes was tun zu lassen. Ihr wart derart miteinander verschmolzen, daß ich oft nicht richtig wußte, wer wer ist.

Er: Erst später, als unser Sohn immer problematischer wurde, habe ich angefangen, über Erziehung zu lesen und mich zu befragen. Vorher dachte ich, ich mache automatisch alles richtig. Ich hatte ihn so lieb und machte eben alles nach meinem Gefühl. Ich habe nach der Lektüre der Erziehungsbücher erst gemerkt, daß ich ihm zu wenig Grenzen gesetzt habe und es an Autorität habe fehlen lassen. Ich habe mich zum Freund meines Sohnes gemacht, weil ich selbst so einsam war als Mann unter vier weiblichen Familienmitgliedern, die oft eine Phalanx aus Unverständnis und Ablehnung gegen mich aufbauten. Ich liebe meinen Sohn und bin innerlich stark mit ihm verbunden. Er lebt nicht mehr in unserem Hause. Manchmal besucht er uns, und es ist alles o.k. Dann wieder flippt er total aus.

Sie: Mit diesem Kind haben wir es sehr schwer, und es hat es sehr schwer mit uns. Das ist eine Hypothek in unserem Leben, und wir versuchen sie gemeinsam zu tragen. Manchmal kommen wir total an unsere Grenzen. Da ist es aber sehr hilfreich, liebe, verständnisvolle Menschen in unserem Freundeskreis zu haben.

Er: Eine große Hilfe bei der Bewältigung all meiner Lebensfragen und -probleme ist mir eine Brieffreundschaft mit einer ehemaligen Mitkonfirmandin. Wir trafen uns auf unserer goldenen Konfirmation und tauschen uns seitdem schriftlich über Gott und die Welt aus. Wir stellen uns gegenseitig Fragen, lesen dazu die entsprechende Literatur und nehmen Stellung. Diese Brieffreundschaft ist für mich eine große Bereicherung, ein richtiges Lebenselixier.

Sie: Auch ich profitiere durch diesen Austausch. Weil wir so viel getrennte Aktivitäten haben, gibt es ständig etwas zu reden. Niemand kann sagen, wir wären ein langweiliges, schweigsames Ehepaar. Unsere Töchter sagen öfter, sie wären stolz auf ihre fitten und interessanten Eltern.

Er: Wenn auch die ersten zwanzig Ehejahre meist eine mittlere Katastrophe waren, so wird doch jetzt alles immer besser.

Sie: Wir haben alles falsch gemacht, was falsch zu machen geht. Aber jetzt fühlen wir uns wohl in unserem inzwischen fast fertigen Haus. Und seit ich oben mein eigenes kleines Reich habe – wir haben uns im Obergeschoß ja getrennte Räume eingerichtet – läuft sowieso alles viel besser. So ist es doch noch ein Glücksfall geworden, eben ein Glücksfall mit Hindernissen.

Wenn du jetzt manchmal zu mir in mein schönes Zimmer kommst und wir miteinander reden oder Musik hören, dann fühle ich mich richtig gut mit dir.

Er: Ich fühle mich auch gut mit dir, ich spüre ein kleines, spätes Glück, das uns unter vielen Schwierigkeiten gewachsen ist.

Was dieses Paar zusammenhält

Dieses Paar heiratete, weil sich nach nur kurzer Bekanntschaft Nachwuchs ankündigte. Obwohl sich beide binden wollten, stand die Verantwortung für das entstehende Leben entscheidend im Vordergrund.

Finanzielle, sexuelle und persönliche Probleme und Mißverständnisse bestimmten den Alltag des Paares und belasteten beide bis an den Rand des Erträglichen. Durch eine Paarberatung wurden zumindest die Kommunikationsprobleme beseitigt, nicht aber grundsätzliche Unvereinbarkeit.

Die Dauerkrise hatte ihren Höhepunkt in der Geburt eines unehelichen Kindes, das jedoch vom Ehemann anerkannt wurde.

Während der gesamten Ehe zeigten Mann und Frau einen starken Willen, die Familie zu erhalten, beide wurden kompromißbereiter und ließen einander immer mehr Freiraum.

Als sie sich schließlich räumlich in ihrem eigenen Haus trennten, erlebten sie endlich das lange ersehnte achtungsvolle Miteinander. Nach so langen problematischen Jahren sind sich beide darüber im klaren: Es hat sich gelohnt.

Voller Staunen, voller Dankbarkeit –
vom Leben reich beschenkt

Angela und Theodor

> Eure Kinder sind nicht eure Kinder.
> Sie sind Söhne und Töchter der Sehnsucht
> des Lebens nach sich selbst.
> Sie kommen durch euch, aber nicht von
> euch.
> Und wiewohl sie bei euch sind, gehören sie
> doch nicht euch.
> Ihr dürft ihnen eure Liebe geben, nicht aber
> eure Gedanken.
> Denn sie haben ihre eigenen Gedanken.
> …
>
> *Khalil Gibran*

Nach dem Gespräch mit Terry und Peter in Hamburg entsinne ich (M.W.) mich eines Kollegen, der auch dort wohnt. Ich hatte ihn vor Jahren bei einer Fortbildung in Familientherapie kennengelernt und stehe seitdem in losem telefonischem Kontakt mit ihm. Ich weiß, daß er vor ca. zehn Jahren zum zweitenmal geheiratet hat. Ich fand ihn damals interessant und offen, wir hatten einige gute Gespräche miteinander. Wir haben uns aber seither nicht mehr gesehen. Ich rufe ihn an – wir sind gleich wieder in gutem Kontakt. Als ich ihm von unserem Projekt erzähle, ist er neugierig und bietet sich und seine Frau spontan als Gesprächspartner an. Natürlich muß ich Angela erst mal fragen, sagt er, ich rufe gleich zurück. Nach zehn Minuten klingelt das Telefon, Angela ist am Apparat und lädt uns ein, doch am gleichen Tag vorbeizuschauen.

Wir klingeln zur Dämmerstunde. Das Paar bewohnt mit seinen zwei Kindern die untere Etage eines älteren Zwei-Familien-Hauses. Er öffnet. Dicke Puschen wärmen seine Füße, der Pullover aus Naturwolle ist handgestrickt. Er ist männlicher geworden in den vergangenen Jahren, seinen warmen Blick hat er behalten, der ist eher noch etwas tiefer geworden. Angela trägt einen weiten grün-blauen Pullover, in der Bewegung sieht man, daß sich darunter ein weiblich-mädchenhafter Körper verbirgt. Volles dunkles Haar umrahmt ihr Gesicht. Sie heißen uns herzlich willkommen.

Schon beim Eintreten umfängt uns eine besondere Atmosphäre: Hier wird gelebt! Die Wohnung wirkt leger, unkonventionell, gastfreundlich. Das handgemalte Schildchen an der Wohnungstür „Angela und Theodor" zeigt, daß auch die Werke der Kinder gewürdigt werden. Im Wohnzimmer liegen und stehen überall Bücher und Zeitschriften und persönliche Gegenstände. Im Eck steht ein raumhoher Weihnachtsbaum mit echten Kerzen, liebevoll zusammengesammeltem Schmuck und einzeln aufgehängten Lamettafäden. Da die Wohnräume nach hinten liegen, hat man einen wunderbaren Blick auf alte, verschneite Bäume. – Weil Hausbesuch da ist, fehlt ein Sofa und der Couchtisch. Schnell holt Theodor einen Küchenstuhl, Angela bringt einen umgedrehten Pappkarton als Tisch, der Tee ist bereitet, und schon sind wir im Gespräch.

Er: Wir sind uns bei einem psychologischen Seminar im Odenwald-Institut begegnet. Varga von Kibed gab dort ein Wochenendseminar „All-Tag im Alltag". Das interessierte mich sehr. Ich lebte schon seit einiger Zeit von meiner Frau getrennt und war Wochenendvater, d. h. ich hatte meinen Adoptivsohn alle drei Wochen bei mir. Ich hatte schon eine ganze Zeit gespürt, daß ich was für die Gestaltung meines Alltags tun müßte, da paßte das Thema genau zu meinen Bedürfnissen.

Sie: Mich hatte es auch mächtig gerade zu diesem Thema hingezogen. Ich war geschieden und lebte mit meiner Tochter Mareile zusammen. Unser Leben war eigentlich ganz gut organisiert. Aber wenn man im Alltag dauernd nur mit einem Kind lebt, da fehlt ja was. Ich wollte gern wieder einen Mann kennenlernen, und bei solchen Seminaren trifft man ja immer besondere Menschen. – An diesem Wochenende haben wir dann eine Übung gemacht, bei der wir nach einer intensiven Meditation die Worte aussprechen sollten, die uns spontan einfielen.

Er: Das war bei mir das Wort „Frank", das ist der Name meines Sohnes, und du sagtest „Kraft und Liebe". Das hat mich so beeindruckt, Kraft und Liebe, das paßte so richtig zu dir, du hattest so eine offene rheinische Art, so direkt, und so eine lebendige Ausstrahlung.

Sie: Und ich war neugierig auf dich: Was steckt in diesem Mann, der so aus der Tiefe den Namen seines Kindes ausspricht. Ich beobachtete dich, hörte dich gerne sprechen, du warst so nachdenklich. Später in der Küche – wir haben uns ja selber verpflegt – bekam ich allerdings einen ganz schönen Schock. Wir redeten über Alltag und Haushaltspflichten, du räumtest gerade die Spülmaschine ein. Ich weiß es noch wie heute. Da sagtest du: Ich mache bei mir daheim alles alleine, ich brauche keine Frau. So war das also mit dir. Schade, dachte ich. Am Abend machten wir noch einen Spaziergang zusammen, da wirktest du aber ganz anders, eher bedürftig und sehr, sehr ernst. Mir gefiel wieder deine Art nachzudenken und dich auszudrücken. – Und ein bißchen Aufmunterung von mir tat dir sichtlich gut, das merkte ich, du konntest es auch gut annehmen.

Er: Das Seminar war viel zu schnell vorbei. Bevor wir abreisten – ich nach Hamburg, du nach Düsseldorf – hatten wir noch ein intensives Gespräch. Der Abschied war dann ganz innig und warm. Schade, dachte ich, daß sie so weit weg wohnt.

Sie: Und ich: Ob der wirklich keine Frau will ... Wir haben uns dann geschrieben. Wir hatten beide Dürckheims „Vom doppelten Ursprung es Menschen" gelesen und bezogen seine Gedanken auf unser Leben, auf unsere persönliche Entwicklung, die uns beiden am Herzen lag. Durch diesen brieflichen Gedankenaustausch und viele Telefonate kamen wir uns sehr nahe. Ich hatte noch nie einen Mann kennengelernt, mit dem ich so gut reden konnte wie mit dir. Ich fühlte mich so verstanden, die Wellenlänge stimmte.

Eines Tages rüstete die Familie über mir, ein Ehepaar mit zwei Kindern, zum Winterurlaub. Ich stand am Fenster und winkte zum Abschied. Ich hatte Tränen in den Augen. Ich machte mir dann einen Tee und dachte über mein Leben nach, dabei fing ich hemmungslos an zu weinen. Genau in diesem Augenblick riefst du an. Ich meldete mich, konnte vor Weinen kaum meinen Namen sagen. Als ich dann deine Stimme hörte, war ich überhaupt nicht mehr zu halten. Ich brachte kein Wort heraus.

Er: Ich war furchtbar erschrocken, ich dachte, es wäre was mit Mareile passiert. Als du dich dann etwas beruhigt hattest und mir deine Sehnsucht nach einer Familie gestandest, kamen mir auch die Tränen, und meine Stimme stockte. In diesem Moment wußte ich, das ist die Frau, mit der das geht. Seitdem besuchten wir uns fast jedes Wochenende. Ich nannte dich damals schon heimlich meine Frau.

Sie: Ich hatte ein bißchen Angst, vor allem wegen Mareile und Frank, nein, eigentlich nur wegen Frank. Du hattest mir ja schon erzählt, wie schwierig er war und daß er als Adoptivkind besonders unter der Scheidung gelitten hatte. Aber meine Angst war unbegründet, zumindest am Anfang. Beim ersten Treffen brachte ich ihm eine große Brezel mit, damit hatte ich ins Volle getroffen, er schloß mich gleich in sein Herz. So leicht hatte ich es mir nicht vorgestellt. Aber es sollte noch anders kommen, das hätte ich mir ja auch denken können.

Er: Die Tatsache, daß Frank dich gleich so gerne hatte, machte es mir seltsamerweise aber besonders schwer. Meine Frau verbreitete nämlich den Mythos, wir hätten ihr den Frank weggenommen. Der hatte sich aber noch nie mit ihr verstanden, er hatte immer schon gesagt, Papa, wenn ich sechzehn bin, komme ich zu dir. Er ist dann tatsächlich mit fünfzehn von zuhause weggelaufen und stand eines Tages bei uns vor der Tür. Er hatte seinen Lieblingsschlafanzug dabei und ein Päckchen Meerschweinchen-Futter, das war alles.

Sie: Ich gehe mal zurück zu damals. Nachdem es enger und verbindlicher wurde zwischen uns, versuchte ich in Hamburg in eine Praxis einzusteigen oder eine Praxis zu übernehmen, das geht als Heilpraktikerin manchmal ganz gut, da wird immer wieder etwas angeboten. Aber in diesem Fall haute es doch nicht so einfach hin, obwohl du mich da sehr unterstützt hast. Dann wurde ich schwanger. Ich hab dann meine Pläne geändert. Abschied von Düsseldorf, von meiner Praxis, von meiner Tochter, ein neues Baby, die geplante Heirat und eine neue Praxis, das wäre ja wirklich zu viel gewesen. Als wir dann konkret von Heirat sprachen, bekam ich einen Schock: Du warst noch gar nicht geschieden. So was paßte gar nicht zu dir, du warst doch immer so offen. Ich konnte es einfach nicht verstehen.

Er: Ich arbeitete damals als Therapeut an einer katholischen Beratungsstelle und machte von dort aus auch eine Ausbildung in Familientherapie. Ich hatte Angst, daß meine Scheidung mir da einen Strich durch die Rechnung machen würde, deshalb hatte ich mich nur getrennt. Innerlich fühlte ich mich aber geschieden, vielleicht war das auch deshalb kein Thema zwischen uns.

Sie: Du sagtest dann, das geht ganz schnell, das ist kein Problem. Es hat dann aber doch sieben Monate gedauert und war sehr aufreibend.

Er: Meine Frau hat es mir nicht einfach gemacht. Sie war wohl doch sehr gekränkt, es war ja auch schwer für sie mit dem adoptierten Kind. Es hat dann natürlich doch geklappt. Wir konnten heiraten, bevor unsere Tochter geboren wurde. Ich war 43, du 36.

Sie: Als das Kind dann da war, wurde ich ganz ruhig. Ich habe die anfängliche Symbiose mit dem Baby sehr genossen und konnte mich dem Kind richtig widmen. Du hast mich oft unterstützt und mir alles abgenommen, was ging. Du hast mir das Eingewöhnen in die neue Lebensphase sehr erleichtert, ich war dir tief dankbar dafür. Ich hatte ja doch viel Schweres hinter mir. Meine Tochter war bei meinem Auszug neunzehn und stand kurz vor dem Abitur. Ich zog hochschwanger weg, und sie blieb da. Sie hatte dort ihren Kreis, und es war klar, daß sie nicht in die neue Familie wollte.

Außerdem wollte sie in Düsseldorf auf die Musikhochschule. Also mußte ich Abschied nehmen, mußte mein Kind, mit dem ich so lange zusammengelebt hatte, zurücklassen und in einen ungewissen Lebensabschnitt aufbrechen. Wir kannten uns ja schließlich nur von Wochenenden und würden die Ehe gleich mit dem neuen Baby anfangen, und der Sohn war schließlich auch noch da. Er war damals neun und kam alle drei Wochen übers Wochenende.

Also, es war nicht leicht, bestimmt nicht. Ich habe sehr viel geweint in dieser Zeit, ich war nicht sicher, ob ich alles richtig mache. – Erstaunlicherweise ist es dann doch eine sehr schöne Hochzeit geworden, und im Moment der Trauung wußte ich dann, daß es stimmt so.

Er: Wir kommen beide aus kinderreichen, religiösen Familien. Wir waren zehn Geschwister und ihr wart fünf. Wir sind katholisch, ihr evangelisch. Das Religiöse hat einerseits verbunden, es ist eben eine bestimmte Grundhaltung da. Aber es hat auch getrennt. Ich hab z. B. als ich klein war die evangelischen Kinder immer bedauert. Bei uns auf dem Land sagte man nämlich, die kommen in die Hölle. Ich malte mir das ganz schrecklich aus und war froh, nicht zu denen zu gehören.

Sie: Und ich fand die katholischen Kinder immer so komisch, sie waren einfach irgendwie anders. Andererseits weiß ich, daß ich die Kommunionkinder beneidet habe. Ich fand das so feierlich, wenn die Mädchen in den weißen Kleidern in die Kirche gingen, dann wäre ich auch gern katholisch gewesen. Die Magdalene steht jetzt ja kurz vor der Kommunion, sie ist innerlich richtig dabei und nimmt alles sehr ernst. Allein die Vorbereitungen sind schon ein richtiges Erlebnis für sie. Es war seltsam für mich, als sie damals katholisch getauft wurde, Mareile ist ja evangelisch, und ich hatte Angst, sie würde es mir übel nehmen, daß ihre kleine Schwester zu einer anderen Religion gehört. Es gab aber kein Problem, sie hat ihre neue Schwester in jeder Hinsicht gut aufgenommen. Die beiden mögen sich sehr.

Er: Ich hab ja zuerstmal Theologie studiert, dann erst Psychologie. Heute sehe ich vieles anders als früher. Da haben wir uns beide weiterentwickelt. Durch unsere Lebensweise verbinden wir Religion, Therapie und Spiritualität. Das geht sehr gut miteinander. Ich meditiere regelmäßig, ich mache Zen-Meditation. Ich stehe jeden Morgen um halb sechs auf und sitze eine halbe Stunde. Das hilft mir sehr, die Belastungen von Beruf und Familie zu tragen. Ich gebe nämlich außer in meiner Arbeit an der Beratungsstelle noch an zwei Abenden Einzelstunden, da hab ich jeweils drei Klienten. Außerdem haben wir noch alle vierzehn Tage ein Reflecting-Team, eine Art Supervision. Angela ist Yoga-Lehrerin, sie tut auch viel für sich.

Aber ich gehe mal zu unseren Anfängen zurück. Ich habe mich immer sehr bemüht, daß unser Familienleben klappt. Ich hab von Anfang an die Vorbereitungen für das Kochen übernommen, Gemüse putzen und Kartoffeln schälen, das mache ich, das tue ich gern. Eine Zeitlang habe ich auch mal alles wochenweise auf dem Computer vorbereitet. Da hing in der Küche ein Wochenplan, jeder konnte nachsehen, was es an den einzelnen Tage zu essen gibt. Für Angela hab ich einen Einkaufszettel ausgedruckt.

Sie: Ich brauchte nicht nachzudenken und zu planen, so ging das Einkaufen dann ganz schnell.

Er: Heute trennen wir es nicht mehr so streng, aber ich mache immer noch das Gemüse und die Kartoffeln. Es funktioniert reibungslos.

Sie: Ja, meistens! Da kann man wirklich nur staunen.

Wir versuchen, wirklich bewußt zu leben. Ich gebe neben meiner Praxis Yoga-Kurse, zwei hintereinander donnerstags, dann muß ich nicht zweimal aus dem Haus. Aber mit meinem persönlichen Yoga klappt das momentan nicht so besonders, die Familie läßt mir keine Zeit. Obwohl du mir so viel abnimmst, finde ich die entsprechende Ruhe nicht. Vielleicht hat es etwas mit Frank zu tun, vielleicht auch nicht. Er stand ja eines Tages vor der Tür vor vier Jahren. Aber er war auch schon vorher, als wir ihn alle drei Wochen hatten, *das* Problem. Er ist sehr unbeherrscht und empfindlich, wenn man ihm Grenzen setzt. Ich bin da auch ganz anders als du, genaugenommen sind wir sehr unterschiedlich.

Er: Das stimmt, ich bin grundsätzlich zum Ja bereit, sehr annehmend und zustimmend, lebensbejahend. Wenn ich gefragt werde von den Kindern, ob sie dieses oder jenes dürfen, sage ich innerlich erstmal ja, dann prüfe ich es und spreche das ja dann aus.

Sie: Moment, da muß ich meins aber auch dazu sagen. Das stimmt nämlich nicht so, und genau deswegen hab ich auch die Probleme mit den Kindern. Du hörst manchmal gar nicht zu was sie fragen, du sagst einfach ja. Später muß ich das dann ausbaden und vielleicht auch noch nachträglich verbieten, weil es einfach nicht vernünftig ist. Dann stehe ich als die Böse da. So war das lange Zeit, dann bist du vor den Kindern auch nicht zu mir gestanden, das war ganz schlimm für mich.

Er: Nein, ich hab dich nicht als böse erlebt oder hingestellt, nur anders, einfach nur anders als mich.

Sie: Auf jeden Fall haben wir dann beschlossen, zu einer Therapeutin zu gehen. Das haben wir beibehalten, schon seit zwei Jahren gehen wir da alle vierzehn Tage hin und sprechen uns aus. Das ist sehr nötig, obwohl wir immer viel miteinander reden, und zwar über alles. Für mich sind die Gespräche mit dir aber oft schwierig, weil du als Fachmann so viel weißt und die Strukturen durchblickst.

Er: Ich kann das manchmal schlecht auseinanderhalten, das Therapeutische und das Private. Ich durchschaue als Familientherapeut etwas, meine Sicht als Ehemann und Vater ist dann aber was ganz anderes, da kommt eben das Gefühl dazu und unsere persönliche Vorgeschichte.

Sie: Dann sagst du: Als Therapeut sehe ich das so ... Ich will aber mit meinem Mann reden und nicht mit einem Professionellen. Da ist die Therapeutin eine große Hilfe, die bringt dich auf den Boden der Ehe zurück. Da stehst du dann auch mal da als der, der nicht weiter weiß und betroffen ist. Das bringt uns wieder auf eine gemeinsame Basis, dann haben wir wieder die Füße auf dem gleichen Boden.

Er: Ich finde das auch sehr gut, daß wir dahin gehen. Das Thema Frank nimmt kein Ende, es bestimmt das ganze Familienleben. Wir haben ihn ja hier in der Wohnung aufgenommen, der Raum fehlt uns eigentlich. Du machst ja seitdem deinen Schreibkram auch in der Praxis, da hattest du ja früher deinen Schreibtisch hier. Überhaupt ist es hier in der Wohnung sehr problematisch, es sind alles Durchgangszimmer, und unser Schlafzimmer hat eine Glastür. Der Frank mit seiner lauten Musik macht die ganze Familie wahnsinnig.

Er hat aber auch ganz weiche Seiten, und in mancher Hinsicht ist er noch wie ein Kind, obwohl er jetzt neunzehn ist. Er hat z. B. ein Meerschweinchen, das ist sein ein und alles, das hegt und pflegt er. Wenn es in seinem Zimmer aussieht wie werweißwas, den Käfig hält er picobello. Manchmal sitzt er ganz ruhig da, hält das Meerschweinchen im Arm und streichelt es. Dann ist er ganz versunken, fast wie in Meditation. Stört man ihn aber dabei, ist er wie ausgewechselt und kriegt fast Tobsuchtsanfälle. An manchen Tagen sieht er stundenlang fern, er hat ja seinen eigenen Apparat, den stellt er dann aber so laut, daß alle mithören müssen. Ihn zu mehr Ruhe zu ermahnen, das ist zwecklos.

Sie: Genau das ist auch so ein Punkt. Du kannst ihm das lassen. Aber meine Streßgrenze ist da viel niedriger, mich stört Krach, ich werde nervös, kann mich nicht konzentrieren, ich werde ganz kribbelig.

Er: Da sind wir auch ganz unterschiedlich. Seit ich mir das bewußt gemacht habe, geht es mir besser. Ich verstehe dich besser und weiß, du mußt dich da schützen. Ich schütze mich auch, das mache ich durch meine Meditation.

Ja, der Frank, das ist eine ständige Herausforderung, eine ständige Aufgabe. Besonders wenn er so aggressiv und unkontrolliert ist. Einmal hatte ich sogar Angst, er würde auf dich losgehen. Du hattest mit Magdalene geschimpft, und er wollte sie vor dir beschützen. Er hatte schon die Fäuste erhoben. Da habe ich ihn mit aller Kraft festgehalten. Zuerst war es wie ein Kampf zwischen uns, dann habe ich aber auf einmal gemerkt, wie er sich auch halten läßt. Das war ein ganz tiefer Moment zwischen uns, die Spannung ging aus seinem Körper, und er lag eher in meinen Armen. Später hat er sich bei mir bedankt. Er war wohl wirklich kurz vorm Ausrasten.

Sie: Er fordert uns dauernd heraus. Er prüft ständig, ob wir ihn mögen. Und da hat er seine eigenen Maßstäbe. Ihm etwas verbieten, ihm eine Grenze zu setzen, das kann seine Welt erschüttern. Es ist unglaublich schwer, da einen gangbaren Weg zu finden. Ich komme da ganz oft an meine eigenen Grenzen. Tagsüber in der Praxis sind die Patienten natürlich auch nicht immer so einfach zu haben, da muß ich mich sehr einfühlen und auf die Menschen eingehen. An den Tagen, an denen ich viele Patienten habe, viele schwierige meine ich, da geht das Familienleben dann nicht nur *an*, sondern auch schon mal über meine Grenzen.

Er: Bei mir geht es auch an die Grenzen, aber niemals darüber. Da hilft mir meine tägliche Meditation.

Sie: Eigentlich habe ich dich erst richtig zur Meditation gebracht, und du hast es dann so intensiv weiterentwickelt. Wenn ich es mir genau überlege, oder besser es mir wirklich eingestehe, dann habe ich durch die schwierigen Umstellungszeiten zu Beginn unserer Ehe in meiner persönlichen Entwicklung erst mal einen Knick erlebt, vielleicht bin ich sogar etwas zurückgefallen. Jedenfalls hab ich mich nicht in dem gleichen Fluß weiterentwickelt, wie ich es gewohnt war. Es kam einfach zu viel Neues auf mich zu. Jetzt ungefähr bin ich erst wieder auf dem Stand von damals, und jetzt erst geht es wieder voran, ich werde wieder bewußter und komme weiter. Ich beginne wieder, an mir zu arbeiten, je mehr ich das tue, desto besser geht es mir, auch mit Frank.

Er: Ich bin wohl weitergekommen. Zen hilft mir da sehr. Ich meditiere konsequent, das respektieren die Kinder, inzwischen kann ich es auch im Lotussitz praktizieren, das ging früher nicht.

Sie: Einmal ist die Magdalene während der Meditation auf seinem Rücken rumgeturnt, aber er hat sich nicht ablenken lassen. Er kann das. Bei mir geht das leider nicht.

Er: Ich kenne mich inzwischen sehr gut und weiß, was ich will. Ich habe viel an mir gearbeitet, natürlich auch durch die Therapieausbildung. Ich faste außerdem zweimal im Jahr vierzehn Tage lang, das mache ich während der Arbeitswochen, das geht vielleicht ebenfalls durch die Meditation, arbeiten und fasten ist ja sonst gar nicht so leicht zu vereinbaren.

Sie: Das habe ich früher auch gemacht, aber irgendwie habe ich das verloren. Das wird mir jetzt so bewußt, das ist schmerzlich. Vielleicht mußte es mir heute erst mal so bewußt werden, jetzt kann ich dann ja was ändern, und das werde ich auch tun.

Er: Es gibt noch etwas Besonderes in unserer Beziehung, das sind unsere regelmäßigen Zwie-Abende. Einmal in der Woche halten wir uns einen Abend frei, der ist nur für uns beide. Die Kinder wissen und respektieren das. An diesem Abend machen wir irgendwas gemeinsam. Es können ganz einfache Dinge sein wie ein Spaziergang oder ein Essen im vegetarischen Restaurant, oder wir lesen nur einfach. Aber wir sind für niemanden sonst ansprechbar, wir gehen auch nicht ans Telefon. Neulich haben wir uns gegenseitig massiert. So lassen wir uns oft mal was Neues einfallen. Dieser Abend ist heilig für uns und sehr notwendig. Wir haben auch schon mal das Dyaden-Gespräch nach Möller probiert, das funktionierte jedoch nicht so. Aber jedenfalls sind diese Abende Balsam für unsere Ehe. Und was Balsam für die Ehe ist, tut auch den Kindern gut.

Sie: Unser Leben stellt Anforderung auf Anforderung, solch eine ständig neue Herausforderung hätte ich mir freiwillig nicht ausgesucht, da war meine Vision eine andere, ich wollte es viel harmonischer. Gut, wir haben es ja oft harmonisch, aber just wenn wir das erreicht haben, prompt werden wir wieder durchgerüttelt. Und es ist immer wieder Frank, doch wenn er es nicht wäre, dann wär es wahrscheinlich was anderes. Lange hat er in der Schule Probleme gehabt. Er hat sich für nichts interessiert, hat viel gestört, und manchmal hat er geschwänzt. Wir mußten immer wieder zur Lehrerin. Frank ist natürlich auch in Therapie, ein paarmal waren wir auch alle zusammen zu einer Familiensitzung da. So können wir Gott sei Dank auch immer wieder Unterstützung annehmen. Wir haben jedenfalls inzwischen akzeptiert, daß es mit diesem

Kind immer schwer bleiben wird. Wir können seine Geschichte ja nicht rückgängig machen, und so was heilt eben nur ganz langsam.

Er: Wir müssen auch immer wieder nachschauen, was seine Probleme mit uns zu tun haben. Ich hab mir deswegen folgendes zum Prinzip gemacht: zuerst klar Schiff bei mir, das mache ich mit der täglichen Meditation, dann bei unserer Partnerschaft und dann bei der Familie. Was soll ich an der Familie rumbasteln, wenn bei mir selbst die Basis nicht stabil ist?

Sie: Natürlich gibt es auch Zeiten, da läuft alles glatt. Vorige Woche waren wir zum Beispiel alle zusammen in Ski-Urlaub. Das geht dann so: Der Frank donnert die Abfahrten runter, je steiler desto besser, du gehst langlaufen, Magdalene ist im Skikurs, und ich suche mir einen leichten Hang. Am Abend kommen wir wieder alle zusammen. Wir reden miteinander, spielen was, oder jeder sitzt schon mal in seiner Ecke und liest einfach. Es ist gerade an solchen Abenden eine besondere Stimmung im Raum, so ein wohltuendes Gefühl von Familie, von Zusammengehören. Dann fühle ich mich richtig dankbar, daß wir vier so unterschiedlichen Menschen mit so unterschiedlichen Geschichten zusammengewachsen sind, es ist wirklich ein Glück.

Er: Übrigens haben wir neulich wieder einmal einen schönen Erfolg gehabt. Schon viele Male haben wir mit Frank zusammen gesessen und uns über seine Berufswünsche und Vorstellungen besprochen. Es war ihm klar, daß es ein Handwerk sein muß, nur welches, das wußte er nicht. Außerdem ist es ja schwierig, einen Ausbildungsplatz zu bekommen, seine Schulnoten sind nämlich nicht so besonders. Also der Erfolg ist, daß er eine Lehrstelle gefunden hat, er wird Maurer. Er hat die Vorstellungsgespräche mit uns durchgesprochen und sich dann wohl recht gut geschlagen. Jedenfalls hat uns sein neuer Lehrherr angerufen und gesagt, daß er ihn gerne nimmt.

Sie: Ja, das ist ein schöner Erfolg. – Mir fällt da noch was ein, was für unsere Ehe wichtig ist, auch etwas eigentlich Schwieriges, das wir immer wieder ganz gut hinkriegen, zumindest in den letzten Jahren, am Anfang gab es damit ja viele Probleme. Ich meine unsere umfangreiche Verwandtschaft und die vielen Besuche. Es gelingt uns jetzt immer öfter, die Bedürfnisse unserer Gäste mit den unseren unter einen Hut zu bringen, wir opfern uns nicht mehr für sie auf, sondern beziehen alle in unseren Alltag mit ein, d. h. auch in die täglich anfallenden Arbeiten. Und manchmal sagen wir auch nein, wenn uns ein Besuchstermin gar nicht paßt. Ich glaube, da haben wir uns beide sehr geändert, wir machen es doch nicht mehr immer allen recht.

Von unserer Tochter haben wir noch kaum gesprochen, das liegt vielleicht daran, daß wir mit ihr so gut wie keine Probleme haben, außer so kleinen Erziehungssachen. Sie ist schon eine reife kleine Persönlichkeit. In der Schule ist sie gut, sie hat viele Freundinnen und ist meistens ausgeglichen. Neulich habe ich sie in einem Gespräch mit Frank gehört, das ging ungefähr so. Frank: Du hast es gut, du hast richtige Eltern. Sie: Ja das stimmt, da hab ich's gut, aber ich könnte dir ja die halbe Mama schenken, wir könnten sie uns wirklich richtig teilen, den Papa kennst du ja sowieso viel länger als ich, bei dem hast du einen Vorsprung. Ja, sagte Frank da ganz nachdenklich, der Papa gehört mir eigentlich mehr als dir, den kenne ich schon, seit ich ganz klein war. Und dabei waren die beiden ganz ernst. Es hat mich richtig bewegt, sie so zu hören. Ich hab sie dann einfach beide in die Arme genommen und gar nichts gesagt. Es war gut so.

Er: Unsere Freizeitinteressen gehen übrigens ziemlich auseinander – ich will eher raus, ich wandere gern. Und du bleibst lieber drin. Wir sind zwar beide lebenslustig, nehmen die Anregungen aber aus unterschiedlichen Quellen.

Sie: Ich bin gern mal einen Tag ganz allein in der Wohnung, da komme ich am besten zu mir. Und dann singe ich noch, ich bin im Chor. Auf die Chorreisen gehst du dann mit, das erleben wir gerne gemeinsam. Wir unternehmen also wirklich gerne was, haben viele Freunde. Das macht die Beziehung aber manchmal auch schwierig. Wir sind nämlich beide Rechtmacher und sehr hilfsbereit, können Freunden schlecht etwas abschlagen und übernehmen uns dann, was schließlich zu Spannungen bei uns führt. Bis jetzt haben wir es dennoch immer wieder hingekriegt.

Er: Wenn wir so ganz normal einen Abend frei haben, setzen wir uns gern zu einem Glas Wein zusammen. Da herrscht aber ein ganz bestimmtes Prinzip: Keine Konfliktgespräche beim Wein. Wir kennen Leute, die haben ihre Beziehung im Suff ruiniert.

Sie: Aber wir trinken ja nicht in dem Sinne! Außerdem lösen wir unsere Konflikte meist gleich, wenn sie anfallen. Und du greifst oft etwas auf, was noch nicht erledigt ist oder was sich nicht einfach durch ein Darüberschlafen erledigt hat. Das finde ich sehr gut so.

Er: Im ganzen möchte ich sagen, wir werden zwar immer aufs neue herausgefordert, nehmen jedoch das Leben, die Ehe, die Familie als unsere Aufgabe, eine Aufgabe im Sinne einer Gabe, einer Begabung dazu. Wir haben viel geschafft, was wenige fertig bringen.

Sie: Mein Traum von unserem Leben war zwar anders. Jetzt nehme ich es so, wie es ist, und es ist gut so. Ich denke, es paßt so zu uns, wir bewähren uns gerne!

Er: Ich schaue oft voller Staunen und Dankbarkeit auf unser Leben.

Sie: Trotz aller Schwierigkeiten sind wir reich beschenkt, die acht Jahre Ehe haben mich sehr bereichert.

Was dieses Paar zusammenhält

In dieser Ehe beziehen sich zwei eigenständige, abgegrenzte Menschen immer wieder intensiv aufeinander.

Tiefe Liebe, ähnliche Wünsche und Bedürfnisse – vor allem nach spirituellem Wachstum und einem lebendigen Familienleben haben die Partnerwahl bestimmt. So ergänzen sich Frau und Mann und unterstützen einander auf ihrem Weg.

Beide Partner haben bereits eine Ehe hinter sich und ein eigenes bzw. adoptiertes Kind in die neue Bindung eingebracht. Der daraus entstehenden Herausforderung begegnet das Paar mit hoher Konfliktfähigkeit. Basis dieser Konfliktfähigkeit ist bei beiden die Auseinandersetzung mit der eigenen Geschichte, die Hinwendung zu Yoga und Meditation und die Tatsache, daß das Paar sich mit großer Konsequenz Zeit für die Zweisamkeit nimmt.

Trotz der eigenen inneren Arbeit nimmt das Paar in regelmäßigen Abständen therapeutische Unterstützung in Anspruch. – Die Systematik der Konfliktbewältigung ist beispielhaft.

Glücksfall Liebe

Will und Otti

Die Rose

Als sich die Rose erhob, die Bürde
ihres Blühens und Duftens zu tragen
mit Lust:
hat sie, daß es der letzte sein würde
von ihren Tagen,
noch nicht gewußt.

Eugen Roth

Es überrascht, dieses ausgesprochen jung und lebhaft wirkende Paar in einem Wohnstift anzutreffen. Auf dem Weg durch das Haus begegnet man ausschließlich Seniorinnen und Senioren, geprägt von den typischen Behinderungen und Einschränkungen, deretwegen alte Menschen in einem solchen Haus leben. Auch die Wohnung der beiden fällt aus dem erwarteten Rahmen: Ein großzügiges Zweizimmerappartment, warm und gemütlich eingerichtet, harmonische Farben. Die Möbel scheinen irgendwie miteinander zu sprechen. Man spürt die Liebe, mit der die beiden sich eingerichtet haben. In dem kleinen Garten vor der Terrasse blühen Rosen, daneben Lavendel, Sonnenhut, Rittersporn und brennende Liebe. Otti ist in lebhafte Farben gekleidet, trägt einen wuscheligen, gut geschnittenen Grauschopf, ganz leichtes Make-up. Will, ein aufrechter Mann mit offenem, warmherzigen Blick, leger in Hose und Polohemd gekleidet. Beide haben eine sehr persönliche Ausstrahlung und dazu noch irgend etwas Gemeinsames, kaum definierbar, ja etwas, das ihre Beziehung zueinander ausdrückt. Es wird schnell klar: An diesem Paar ist etwas Besonderes – warum nur wohnen sie in diesem Wohnstift?

Sie sprechen nicht gern darüber, dennoch sagen sie es gleich zu Anfang. Otti leidet seit zwei Jahren an einer schleichenden Krankheit. Das sieht man ihr auf den ersten Blick nicht an. Erst mit diesem Wissen sieht man dann im weiteren Gespräch an ihrer Haltung und im Gesichtsausdruck etwas, das auf ihre Krankheit hindeutet. Sie wirkt sehr dem Augenblick hingegeben, so als möchte sie ihre Zeit noch gut ausschöpfen. Sie ist erst Mitte fünfzig, er zehn Jahre älter, doch beide wissen: Sie hat nicht mehr lange zu leben. Und so haben sie nach reiflichem Überlegen ihr Haus und ihren Besitz verkauft und sind in dieses Wohnstift gezogen, das im Pflegefall die nötigen Hilfen bietet. Aber jetzt nehmen sie nur den Service in Anspruch, der den Alltag leichter macht. Einkaufen und Kochen fallen weg, auch grobe Putzarbeit. Sie haben Zeit für Wichtigeres.

Sie: Wir leben seit bald zwanzig Jahren beisammen, und ich denke immer noch gerne an unseren Anfang.

Er: Ja, unser Kennenlernen. Das war so: Ich habe seinerzeit in einem Industrieunternehmen gearbeitet und war viel auf Geschäftsreisen. Während einer dieser Reisen hatte mein Kollege, der Personalchef, für meinen Bereich eine neue Mitarbeiterin gesucht und gefunden, eine Halbtagskraft für die Verkaufsabteilung. Ich kam gerade aus Schweden zurück, da stolperte ich beinahe über die Neue. Diese Frau fiel völlig aus dem gewohnten Rahmen. Sie wirkte elegant, selbstsicher, fröhlich. Ich dachte mir: Die hat das Arbeiten sicherlich gar nicht nötig – ob das die richtige für uns ist, ob wir die behalten würden?

Sie: Oh ja, in dieser ein wenig konservativ-seriösen Firma bin ich bestimmt schon durch meine Kleidung aufgefallen, obwohl ich für das Büro schon zurückhaltende, nicht zu elegante Sachen wählte. Die anderen im Betrieb wirkten halt ein bißchen bieder.

Er: Das stimmt. Aber mir ist dann weit mehr an dir aufgefallen. Du bist geschickt und gewinnend mit deinen Kolleginnen und den Kollegen umgegangen, auch mit deinem Abteilungsleiter und ganz besonders mit mir, deinem Chef. Und du hast dich in vielen Dingen durchgesetzt, ohne Rivalenkämpfe! Das Klima um dich herum wurde positiver, einfach sonniger. Meine Kollegen in der Geschäftsführung suchten Anlässe, dieses Wundertier in meinem Büro kennenzulernen. Die Sympathien sind dir nur so zugeflogen. Und dein Aufgabengebiet hattest du bestens im Griff.

Sie: Nun ja, der Umgang mit Menschen war und ist mein Hobby. Und ich hatte Erfahrung aus vielen Berufsjahren. Und ich hätte tatsächlich nicht arbeiten brauchen. Versorgt und kinderlos wie ich war, konnte ich halbwegs zum Vergnügen in die Arbeit gehen. Da ist man viel lockerer. Ein Kind von Traurigkeit war ich auch nicht. Das hat dir gefallen, das spürte ich so richtig. Und du hast mir gefallen, warst kein autoritärer Chef, warst warmherzig, einfach nett. Ich fühlte mich anerkannt, gemocht. Genau genommen hab ich dich gleich als Mann gesehen, nicht nur als Chef. Ich glaub, ich hab mich gleich in dich verliebt.

Er: Und so lief das wohl eine Weile. Irgendwann ist mir dann aufgefallen, daß mein gewohnter Kaffee nicht mehr von meiner Sekretärin serviert wurde, sondern von dir. Da ahnte ich, es bahnt sich etwas an. Du warst sonst nicht so dienstfertig.

Sie: So war's. Ich habe dich – wie deine Enkel sagen würden – angebaggert. Du gefielst mir, warst gescheit, dazu gewandt, sportlich, herzlich. Ich habe das Lockfutter dann noch verbessert, dem Kaffee oft eine Praline oder so etwas beigegeben. Und ich habe Anlässe zu Rücksprachen mit dir gesucht, bin auch ein bißchen ins private Erzählen gekommen. Aber du bliebst unnahbar, das war ganz schlimm für mich, doch sah ich auch deinen Grundsatz: Kein Flirt im Büro. Das war auch richtig. So fand ich schließlich einen an den Haaren herbeigezogenen Kündigungsgrund. Und am letzten Arbeitstag habe ich dir frech einen Abschiedstrunk zu zweit vorgeschlagen. Du hast sofort zugesagt. Ein paar Tage später trafen wir uns dann in einem Café. Damit begann es so richtig. Ich war Mitte dreißig, du zehn Jahre älter. Wir lebten beide in mißlungenen Ehen, zu deren irreparablem Zustand wir kräftig beigetragen hatten. Und was uns zueinander zog, wäre vielleicht auch nur ein Abenteuer geworden. Doch aus unserem heftigen Flirt entwickelte sich ganz schnell viel mehr.

Er: Das ist wohl wahr. Ich sah dich außerhalb des Büros plötzlich als Frau. Ich bin voll entflammt und wußte: Das ist mehr als ein Flirt, ist etwas Tiefes, etwas ganz Neues. Ich spürte: Das ist sie endlich! Es dauerte nicht lange, bis erst ich, bald dann auch du Ehe und Haus verlassen haben. Viel mehr als zwei Koffer hatten wir nicht dabei. Und mein Herz war voller Gewißheit, du und ich, wir würden uns im Gleichschritt eine neue Welt erobern.

Sie: Ich war vor unserer Ehe schon zweimal verheiratet. Das erste Mal mit neunzehn, mit einem Einundzwanzigjährigen, ein schneller Entschluß, um von zuhause wegzukommen. Meine Eltern verstanden sich nicht und hatten sich immer mehr um ihr Geschäft als um mich gekümmert. Ich wußte immer, daß ich so schnell wie möglich weg wollte von denen. Die Ehe war entsprechend und dauerte nur fünf Jahre. Meinen Ausgleich fand ich damals im Beruf, ich war schon immer erfolgreich, ich konnte immer schon sehr gut mit Menschen umgehen und war im Büro schnell von der Sachbearbeiterin zur Sekretärin aufgestiegen. Ich lernte dann im Tennisclub meinen Traummann – so dachte ich wenigstens damals – kennen. Er war zwanzig Jahre älter als ich, ein Mann der Gesellschaft, Kavalier der alten Schule, charmant und gut aussehend, er hatte schon die berühmten grauen Schläfen. Er umwarb mich so richtig mit Blumen und Geschenken und vielen Komplimenten. Ich schmolz nur so dahin. Als er mir dann zum vierundzwanzigsten Geburtstag einen Brillantring schenkte, blieb mir wirklich die Spucke weg. Er drängte auf Scheidung und machte mir einen Heiratsantrag. Die Sache war dann schnell über die Bühne gebracht, zwischen meinem Mann und mir lief sowieso nicht mehr viel. Also Scheidung und sofortige Heirat, und jetzt dachte ich, ich bin endlich im Glück.

Es kam aber ganz anders. Mit dem Tag der Heirat fielen die vielen Geschenke und Komplimente ziemlich flach. Als erstes verlangte er von mir, ich solle nicht mehr arbeiten. Er war der Meinung, die Leute würden denken, daß er nicht genug verdient, um eine Frau zu ernähren! Leider gab ich nach und kündigte dann nach einem Jahr. Geld hatten wir ja wirklich genug. Und so saß ich ab da viel zuhause rum, ging zum Tennisspielen und wartete darauf, daß er abends nach Hause kam. Er mußte dann viel auf Geschäftsreisen und entwickelte vom Tag der ersten Reise an eine penetrante Eifersucht. Er rief mich von seinen Reisen jeden Abend und mehrmals in der Nacht an, um mich zu kontrollieren. Ich wußte es mir so einzurichten, daß ich nachts immer allein im eigenen Bett lag. Tagsüber suchte ich mir meine Abenteuer, ich war ganz erstaunt, wie leicht das ging.

Ich hatte ja viel Zeit zum Nachdenken, und mir war inzwischen aufgegangen, wieso ich so einen viel älteren Mann geheiratet hatte. Er war wahrscheinlich für mich eine Art Vaterersatz. Mein Vater hatte sich ja nie um die Familie und schon mal gar nicht um mich gekümmert. Er hatte eine große Zigarrenvertretung, eine Generalvertretung für ein großes Gebiet und war dauernd unterwegs. Meinen ersten Mann hatte ich wohl aus Einsamkeit geheiratet und den zweiten aus Sehnsucht nach einem Vater. Da man aber eine Ehe mit einer Vaterfigur nicht führen kann, hatte ich eigentlich gar nichts Richtiges, weder einen Vater noch einen wirklichen Ehemann. Das wurde mir aber erst sehr spät klar.

Eines Tages – er war wieder verreist – suchte ich mir eine Halbtagsstelle, das war dann in eurer Firma. Als er von der Reise zurückkam und ich ihm das erzählte, tobte er. So hatte ich ihn noch nie erlebt, ich hatte richtig Angst vor ihm. Trotzdem blieb ich hart. Es war das erste Mal, daß ich mich gegen ihn durchgesetzt hatte, Gott sei Dank.

Also ich war in dieser Zeit alles andere als brav. Aber ich hatte immer so eine Ahnung, wenn mal der Richtige kommt, dann könnte ich ganz solide und zufrieden leben, und so kam es ja dann auch mit dir, da hat meine Ahnung mich nicht getäuscht.

Er: Ich hatte auch schon ganz früh zum ersten Mal geheiratet, ich war einundzwanzig. Es war, wie damals fast üblich, eine Muß-Ehe. Ich hatte eine Freundin, es war meine erste, und ehe wir uns versahen, war sie schwanger. Es war ein furchtbarer Schreck, sie ging noch in die Schule und stand kurz vor dem Abitur. Nach langem hin und her haben wir einen Arzt gefunden und eine Abtreibung machen lassen, gegen eine horrende Summe, aber er hat es wenigstens gut gemacht, es ist ja noch viel passiert dabei damals. Es war aber bald wieder passiert, und da beschlossen wir zu heiraten.

Ich bin bei meiner geschiedenen Mutter aufgewachsen, die war nach einem gehörigen Schrecken sehr verständnisvoll und hat uns sogar in ihre Wohnung aufgenommen. Geld hatten wir ja keins, ich war noch in der Ausbildung und bekam gerade ein paar hundert Mark.

Meine Frau fühlte sich während der gesamten Schwangerschaft nicht wohl, und mir machte die sexuelle Treue Höllenqualen, und die hielt ich nicht lange durch. Ich führte also fortan ein Doppelleben. Als unsere erste Tochter geboren wurde, bekamen wir noch einmal einen tiefen Schock. Sie war schwer behindert und starb nach sechs Wochen. Damals meinten wir beide, daß nur die baldige Geburt eines gesunden Kindes diese Wunde heilen konnte. Meine Frau wurde dann auch bald wieder schwanger. Meine Untreue behielt ich bei, während der ganzen Ehe. Aber glücklich war ich nicht dabei. In dem Kreis von Geschäftsleuten, in dem ich lebte, waren Seitensprünge aber das Normale. Ich war buchstäblich so lange untreu, bis ich dich kennenlernte. Ich glaube, da war zum ersten Mal in meinem Leben wirklich mein Herz dabei, und dann läuft eine Ehe ja sowieso ganz anders.

Sie: Wir träumten von einem urgemütlichen, Geborgenheit und Gastfreundschaft ausstrahlenden Haus. Aber erst bezogen wir einmal eine kleine Dachgeschoßwohnung ein paar Dörfer weiter, ein auf Kredit eingerichtetes Liebesnest. Es war klein, aber bald sehr wohnlich. Was dann folgte, waren kraftraubende Zeiten mit bösen juristischen Auseinandersetzungen mit den beiden verlassenen Ehepartnern. Fast jedes Wochenende saßen wir über neuen Schriftsätzen. Die Tiefschläge mußten ja beantwortet werden. Wir verbrachten zwei Jahre mit diversen Gerichtsverfahren, und drei Ordner mit Scheidungsakten waren das Ergebnis. Es war die Hölle, aber gerade in dieser Zeit sind wir miteinander gewachsen. Wir wurden immer sicherer, daß wir zusammengehören. Eigentlich war es ein richtiges Konflikttraining, von dem wir später noch sehr profitiert haben. Ich sah an dir dabei, daß du ausdauernd und fair kämpfen konntest. Eine wichtige Erfahrung.

Er: In dieser Zeit, als wir zusammenwohnten, aber noch nicht verheiratet waren, habe ich eine ganz neue Art von Partnerschaft kennengelernt. Mir wurde erst in dieser Zeit klar, was „miteinander" heißt, und daß ich in meiner Ehe eigentlich mehr oder weniger neben meiner Frau, aber nicht wirklich *mit* ihr gelebt hatte. Wir lösten jetzt Probleme miteinander, da habe ich in dieser Zeit auch viel von dir gelernt, obwohl du es ja in deiner Ehe auch nicht konntest.

Sie: Unsere beruflichen Erfolge beruhten zwar darauf, daß wir mit Menschen umgehen konnten, in unseren vorherigen Ehen haben wir es aber nicht gekonnt. Das ist seltsam. In unserer Ehe ging es dann auf einmal, und zwar von Anfang an.

Er: Wir wurden ja auch schon am Anfang auf eine schwere Probe gestellt. Beide hatten wir ja massenhaft Affären gehabt, und keiner von uns beiden hatte ja an sexuelle Schwierigkeiten gedacht. Aber gerade jetzt, als wir beide so sicher waren, noch einmal ein ganz anderes Leben mit einem wirklich passenden Partner anzufangen, da traten diese Schwierigkeiten auf, d.h. sie traten bei mir auf, und ich war ganz verzweifelt. Durch diese Schwierigkeiten und die Art, wie du damit umgegangen bist, habe ich aber auch gespürt, daß es in unserer Beziehung Qualitäten gibt, von denen ich bisher noch nichts geahnt hatte. Wir waren uns schnell sehr, sehr nahe, wir konnten beide hemmungslos offen sein und uns unsere tiefen Sehnsüchte und Ängste eingestehen. Da spürte ich, daß ich in meiner ersten Ehe mit vielen Tabus gelebt hatte. Ich war jetzt von mir selbst überrascht, ich konnte ja offen sein, das Aufbauen oder Beibehalten von Tabus brachte ja gar nichts, im Gegenteil, je offener wir waren, je wärmer wurde es zwischen uns.

Vielleicht war es auch nur eine Probe, auf die wir zu Beginn vom Schicksal gestellt wurden. Wir verbrachten dann einmal ein schönes Erholungswochenende in einem chicen Hotel, und seitdem waren die sexuellen Probleme wie weggeblasen und tauchten auch nie wieder auf.

Sie: Für mich war und ist es auch ein ganz großes, neues und beglückendes Erlebnis, Liebe und Sexualität mit *einem* Menschen zu leben. Da mußte ich so alt werden, um das endlich noch zu erleben! Ich lernte mit dir zusammen Seiten an mir kennen, von denen ich kaum etwas geahnt hatte. Alles Weiche und Liebevolle und Zärtliche blühte erst jetzt auf, in mir und zwischen uns.

Aber mal zurück zu den Scheidungsverhandlungen, die haben uns ja auch ganz schön geschlaucht.

Er: Du warst standhaft und hast mit sauberen Mitteln gearbeitet, obwohl du sehr verletzt wurdest. Und du hast, wenn auch blaß um die Nase und erschöpft, deinen Humor behalten. Weißt du noch die Sache mit der Pelzjacke?

Sie: Ja, die Jacke, die mein Mann wegen groben Undanks, wie das bei Juristen heißt, zurückgefordert hat. Die hab ich mit dem billigsten Parfum veredelt, eine ganze Flasche von Woolworth draufgekippt. So durfte er sie im Büro unseres Anwalts abholen. Da mußte ich einmal Fairneß außer acht und Dampf ablassen. Was haben wir gelacht!

Er: Um diese Zeit kannten uns die Menschen um uns, privat und auch die Kollegen in deiner und meiner Firma und selbst unsere Geschäftsfreunde schon längst als Mann und Frau. Als dann beide Scheidungen rechtskräftig waren, haben wir sofort geheiratet. Die Scheidungsakten haben wir als Freudenfeuer verbrannt.

Sie: Genau, und damit begannen schöne Jahre für uns. Ich habe sie genossen. Uns verbanden sehr ähnliche Lebenswege. Beide stammten wir aus gutbürgerlichen Familien. Aus unterschiedlichen Gründen mußten wir früh selbständig werden. Du bist weitgehend ohne Vater aufgewachsen, die Eltern hatten sich getrennt, und deine Mutter hat dich und deinen Bruder durchgebracht. Ich hatte beide Eltern, doch war ich nach Vaters Versetzung in ein anderes Bundesland mit anderem Schulsystem lange im Internat. Wir haben sehr jung unsere eigenen Wege finden müssen, recht wenig vorgegeben bekommen, waren sozusagen undressiert. Du warst in vielen Punkten so geprägt wie ich. Das wußten wir gut zu nutzen.

Wir haben ja nicht wirklich zusammen gearbeitet, aber weil es uns beiden Spaß machte, unser Verhandlungsgeschick zu üben und überhaupt mit Menschen zusammen zu sein, zu reden, zu diskutieren und sich auch ein bißchen zusammenzuraufen, haben wir geschäftliche Termine, wo immer es ging, gemeinsam wahrgenommen.

Er: Wir konnten oft als Team auftreten. Du hast mir bei meinen geschäftlichen Kontakten geholfen und auf Geschäftsreisen Gesellschaft geleistet. Dann liefen die Verhandlungen einfach besser. Du warst meist der Schlüssel zum Miteinander-warm-Werden und zum Erfolg.

Und das Schönste war, daß wir so gut wie nie etwas miteinander absprechen mußten, wir haben uns in die Gespräche begeben, uns gegenseitig die Bälle zugeworfen, und die Sache lief, d. h. wir konnten beide sehr gut zuhören, auf Menschen eingehen, Ideen aufgreifen, den anderen Raum geben. Wenn dann eine gute Basis geschaffen war, ging das Geschäftliche ganz leicht. Ich glaube, das war vor allem deine Stärke.

Sie: Na, nun stell mal dein Licht nicht unter den Scheffel! Du hast dein Metier verstanden und konntest mit den Leuten gut umgehen. Und du warst auch bei meinem Chef beliebt und gut angesehen, nicht nur als sein Kunde. Jedenfalls war der gemeinsame Spaß mit Bekannten, Freunden und Geschäftspartnern ein wesentliches Element unseres Zusammenhalts, erst recht bei den Runden in unserem dann gebauten Haus. Es war eine Wohnhöhle zum Genießen und immer offen für Gäste. Beim Planen, Bauen und Einrichten haben wir uns gut ergänzt. Das Konzept entstand gemeinsam. Die funktionsgerechte Anordnung, die Technik und die Finanzierung waren deine Sache, alles was die Sinne erfreut, Gemütlichkeit schafft, war meine Entscheidung. Und bei der Realisierung haben wir beide tatkräftig zugelangt.

Er: Der gemeinsame Hausbau hat unsere Beziehung sehr gefestigt. Zusammengebunden hat uns aber noch mehr die liebevolle Sorge füreinander, das tiefe Vertrauen, die absolute Treue und Zuverlässigkeit. Hinzu kam eine tiefe Übereinstimmung in unserer Sicht dieser Welt – und eine erfüllte Sexualität, was uns die Anfangsschwierigkeiten im Bett rasch vergessen ließ.

Wir konnten uns unser vorheriges untreues Leben gar nicht mehr vorstellen. Wir hatten uns beide grundsätzlich verändert. Wir passen einfach zusammen. Es ist ein Wunder, daß es so was gibt, ein großes Glück und ein Wunder, wofür wir dem Schicksal sehr dankbar sind.

Sie: Ich glaube, für viele, die uns vorher kannten, war das Besondere an unserer Beziehung, daß zwei so an Dominanz und selbstsüchtige Alleingänge gewohnte Menschen eine ausbalancierte Partnerschaft leben konnten. Und dies ohne das Gefühl, etwas aufzugeben oder die Individualität zu verlieren. In meiner Sicht sind wir an- und miteinander gereift, reicher geworden.

Er: Ich erinnere mich noch gut an die erstaunten Reaktionen deiner und meiner Freunde. Daß es mit uns gutgehen würde, hatte wohl niemand erwartet.

Sie: Wir haben aber auch beide saubere Verhältnisse geschaffen und uns von früheren Amouren verabschiedet. Vor allem habe ich den Kontakt zu meinem Dauerfreund Stefan abgebrochen; das war ein Mann, mit dem ich während beider Ehen immer mal wieder Kontakte hatte, die nicht nur beim Geschäftlichen blieben. So was kam in unserer Ehe überhaupt nicht mehr in Frage, ich brauchte es nicht mehr, mit und bei dir hatte ich alles, was ich mir immer schon erträumt hatte. Was nach diesem Klar-Schiff-Machen dann übrig blieb, waren wirkliche Freunde, und die bildeten dann unseren gemeinsamen Freundeskreis.

Er: So war's. Meine Tennisfreunde zum Beispiel, mit denen hab ich fast jeden Samstagvormittag beim Doppel verbracht. Diese Männerrunde hat sich oft bei uns getroffen. Und du hast mit uns vieren dann auch deinen Spaß gehabt.

Sie: Aber ja. Und ich hatte meinen Hühnerstall, so nannten es die Männer. Wir haben dich und die anderen Angetrauten, soweit vorhanden, mal einfach zum Gartenfest eingeladen. Wir Freundinnen haben uns sonst meistens getroffen, wenn du geschäftlich weg warst. An den Wochenenden waren wir oft in die Häuser der Freunde eingeladen. Oder wir trafen uns zum Wandern, Radeln oder Tanzen. Wir unternahmen viel zusammen und genossen es, in guter Gesellschaft zu sein.

Er: Apropos Steckenpferde, du warst eine begeisterte und gute Gärtnerin. Der große Garten und das Säen, Pflanzen, Pflegen und Gestalten fehlen dir jetzt schon sehr. Und ab und zu hast du getöpfert, da hattest du auch eine Begabung.

Sie: Du hast ebenfalls viel Zeit im Garten verbracht, vor allem, wenn du nach der Arbeit ein paar Stunden Kopf und Seele auslüften gingst. Beim Handwerkern und deinen Fotosafaris hab ich dich meist allein gelassen, wenn ich nicht als Gehilfin dabei war. Dafür brauchte ich meine Ruhe beim Musikhören und beim Lesen, das konnte ich stundenlang. Sonst jedoch war uns gemeinsames Tun und Lassen immer wichtiger. Wir arbeiteten ja beide voll und mußten uns die verbleibende Zeit gut einteilen. Und wir haben immer viel geredet, über unsere kleinen Probleme und die anderer, über Gott und die Welt. Wir waren nicht immer einer Meinung, das gab dann oft vergnügliche Auseinandersetzungen.

Er: Aber einmal hatten wir eben auch einen Riesenkrach, das war nach dem Tod deines Vaters. Der war nach kurzer Krankheit gestorben. Mutter – so nannte auch ich sie, denn meine eigene lebte schon lange nicht mehr – war seit einem Unfall auf den Rollstuhl angewiesen. Vater hatte sie weitgehend gepflegt.

Sie: Ich sah mich plötzlich mit dieser Verantwortung konfrontiert. Ich habe meinen Jahresurlaub drangegeben und bin voll eingesprungen.

Er: Ja, für eine Übergangszeit war das auch in Ordnung, aber dann hast du dich für länger bei Mutter einlogiert, wir haben uns oft tagelang kaum gesehen. Du bist meistens vom Büro gleich zu ihr hin und hast häufig dort auch geschlafen. Du warst überfordert, sicherlich auch von eurer gemeinsamen Tauerarbeit, und ich war gereizter Stimmung, denn meine Versuche, über eine alternative Lösung für Mutter zu diskutieren, hast du stur blockiert. Das war sonst absolut nicht unsere Art, Probleme anzugehen. Offenbar hast du dich einfach nicht getraut, mit Mutter zu reden, wie's weitergehen sollte. Das Faß lief über, als du mir auf erneutes Drängen zum Gespräch eine böse Antwort gabst. Wir wurden beide laut, ich brüllte dich an, dann stürmte ich aus dem Haus, irrte durch die Nacht, bis ich wieder einen klaren Kopf hatte. Ich überlegte: Mutter hatte genug Geld für einen Pflegeplatz in einem Wohnstift. Sie hatte sogar früher schon mal von solch einem Haus gesprochen. Und wir hatten uns immer gut verstanden. So wagte ich ein paar Tage später ein Gespräch mit ihr unter vier Augen. Und siehe da, sie hatte ähnliche Gedanken und nur die Sorge, das Vermögen der Familie könnte dabei wegschmelzen. Wir beschlossen, uns zu dritt zur weiteren Beratung zusammenzusetzen.

Sie: Ich war zunächst sauer über deinen Alleingang, dann jedoch fiel mir ein Stein vom Herzen. Um es kurz zu machen: Wir versöhnten uns schnell, und Mutter lebte bis zu ihrem Tod in einem Heim im Nachbarort. Was wir gelernt haben ist, uns noch viel mehr dem anderen zu öffnen und das, was uns drückt, zu artikulieren.

Er: Das häufige Sich-Austauschen gab unserer Ehe ein Gleichgewicht, und das hielt auch das Konfliktpotential in Grenzen. Eigentlich fanden wir immer einen guten Kompromiß. Oder es ging einmal nach deinem, das andere mal nach meinem Kopf. Ein Dauerbrenner war nur mein Sohn, ich habe zwei Kinder aus erster Ehe. Meine Tochter hatte von Beginn an ein gutes Verhältnis zu uns als Paar. Mein Sohn dagegen hat es wohl nicht verkraftet, daß die Ehe seiner Eltern auseinander ging. Und du bist so anders als seine Mutter. Er hat dich nicht nur gemieden, er hat dich auch sonst gekränkt. Und da warst du, wie du selbst sagst, nachtragend wie ein Elefant.

Darunter habe ich manchmal gelitten, ich entsinne mich noch ganz genau, wenn du deine „Stur-wie-ein-indischer-Elefant-Stimmung" hattest und in deinem Zimmer verschwunden bist, dann tigerte ich vor unserer Terrassentür auf und ab und überlegte, wie ich dich wieder zum Reden bringen könnte. Solche Mißstimmungen, wenn sie auch nur kurz andauerten, haben mich immer ganz unglücklich gemacht, und ich habe getan, was ich konnte, um sie möglichst schnell zu beenden.

Demgegenüber war ich bei aller Konsequenz – Kontakt zu mir ging nur als Kontakt zu uns beiden – nachsichtiger, versöhnungsbereiter. Gott sei Dank hast du kürzlich vorgeschlagen, ihm nochmals eine Brücke zu bauen. Vielleicht gelingt die Versöhnung.

Sie: Seitdem ich den Ernst meiner Krankheit mehr spüre, sehe ich die Welt anders, urteile milder. Die Eröffnung damals war ein fürchterlicher Schock. Erst war ich wie zu Stein erstarrt, dann habe ich meine tiefe Verzweiflung stundenlang aus mir herausgeheult. Angst, Panik, Depressionen – alles zugleich. Ich war doch erst Anfang fünfzig und nie richtig krank gewesen! Und in diesem Jahr wollte ich mit dem Beruf aufhören. Und du warst kurz vor der Rente. Jetzt sollte das Leben so richtig neu beginnen. Was hatten wir für Pläne. Und nun das! Es war so entsetzlich. In diesem schrecklichen Zustand habe ich tief wahrgenommen, wie mich die Beziehung zu dir trägt. Ich konnte dir alle meine Gefühle zeigen. Du warst und bist einfach da und trägst mein Los mit mir. Ohne deinen Beistand hätte ich das nie verarbeitet.

Er: Ich bin immer wieder erstaunt, wie du dein Schicksal angenommen hast und dein Kreuz trägst. Wir haben wirklich dunkle Stunden miteinander durchgestanden, aber dein Lebensmut dringt immer wieder durch. Und wir haben eine völlig neue Qualität des Ehelebens erfahren, sehr intensiv, sehr tiefgreifend und sind uns so nah wie nie zuvor.

Sie: Dabei bist du noch mehr mein Fels in der Brandung geworden. Wir haben unser Haus verkauft und beschlossen, uns noch so viel an Freude und Schönem zu gönnen wie irgend möglich. Wir sind hierher in meine Heimatstadt gezogen und haben nun damit begonnen, meinen Kindheitserinnerungen nachzuspüren. Ich erlebe noch einmal den Fluß, wo ich schwimmen gelernt habe. Auch den See, wo ich mit meinem Vater gesegelt bin, den Tiergarten, den Wohnblock, den Schrebergarten, den Aussichtsturm, all die Orte der Kindertage. Und du begleitest mich bei diesem Abschiednehmen. Ja, wir gehen fast symbiotisch in die letzte Runde. Wie schon immer reden wir sehr viel miteinander. Von den Aufgaben in unserem kleinen Haushalt, die wir schon früher fair geteilt hatten, hängt nun das meiste an dir. Und wir haben nie aufgehört, die Vision unserer Frühzeit vom hundertprozentigen liebevollen Füreinanderdasein in tiefer Zuneigung und Treue lebendig zu erhalten. Unsere Jahrestage werden besonders gefeiert. Es gibt Blumen, früh im Jahr meine geliebten Tulpen, zum Anstoßen Champagner. Und dann kriechen wir zusammen, spüren einander, streicheln uns. Das sind helle, heitere Tage und Nächte, jetzt immer noch, auch wenn mir mein körperlicher Zustand sexuelle Beschränkungen auferlegt.

Er: Im ganzen kann ich sagen, wir sind bis heute aneinander zu wirklicher Partnerschaft gewachsen. Die tiefen Gefühle aus der Anfangszeit haben wir nicht verkümmern lassen. Unsere sich so gut ergänzenden Talente im Umgang mit Menschen haben wir fortentwickelt. Wir haben neue Freunde gewonnen, solche zum Pferdestehlen und mit Humor. Ein Freund hat schon lange vor unsrer Hochzeit einmal so treffend gesagt: Ihr habt nur das Dessert gewollt und das ganze Menue bekommen.

Sie: Wenn ich unserer Geschichte einen Kurztitel geben sollte, dann würde ich sagen: Glücksfall Liebe. Es hat sich gelohnt!

Was dieses Paar zusammenhält

Frau und Mann hatten langjährige gescheiterte Ehen hinter sich – beide waren sich ihres Anteils am Scheitern bewußt. Das hat sie für eine neue Bindung – ihren Glücksfall Liebe – reifen lassen.

Tiefes Zusammengehörigkeitsgefühl, gleiche Interessen und Begabungen und ähnliches berufliches Engagement bildeten ein festes Fundament der neuen Ehe. Das ermöglichte beiden, auch getrennten Interessen nachzugehen, ohne umeinander Angst zu haben.

Das Paar lernte miteinander eine nie gekannte Konfliktfähigkeit. Auseinandersetzungen wurden heftig geführt und endeten im Konsens. Der Mann trug dazu durch seine hohe Kompromißbereitschaft bei.

Durch Rituale ließ dieses Paar die Vision der Anfangszeit immer wieder aufleuchten und schaffte damit ein gutes Kontinuum.

Die enge Bindung dieses Paares verstärkte sich noch durch die schwere Krankheit der Frau und die Ahnung des bevorstehenden Todes. So konnte diese große Herausforderung vom Paar gemeinsam getragen werden.

Durch das Dunkel zum Licht

Sabine und Erich

Es ist Unglück
sagt die Berechnung
Es ist nichts als Schmerz
sagt die Angst
Es ist aussichtslos
sagt die Einsicht
Es ist was es ist
sagt die Liebe

Erich Fried

Das Gespräch mit diesem Paar fand an einem sonnigen Herbsttag statt. Die beiden waren noch ganz mit dem Einrichten und Eingewöhnen im gerade erst bezogenen Neubau beschäftigt. Sie bewohnen seit vier Wochen ein Fertighaus, dem sie mit Überlegung und Gestaltungsfreude eine persönliches Gesicht gegeben haben. Eine Erbschaft hatte ihnen nach 20 Ehejahren den Kauf dieses eigenen Heims ermöglicht. Ihr Haus stand noch einsam und allein am Rand eines neu erschlossenen ländlichen Baugebiets. Es schien auf die Geselligkeit mit Nachbarn zu warten. Drinnen und drumherum atmete alles Neubeginn.

Da saß uns auf der Couch im Wohnzimmer ein schon äußerlich recht unterschiedlich wirkendes Paar gegenüber: Sabine, Lebenslust ausstrahlend, weiblich-füllig mit silbergrauem, langem Haar, an eine Fruchtbarkeitsgöttin erinnernd, daneben Erich, eher verhalten und in sich gekehrt, schmal und wie unter einer Last leicht gebeugt, ein Mann mit einer fein-sensiblen Ausstrahlung. Diese so verschiedenen Eindrücke durchzogen auch den Gesprächsverlauf. Beide erzählten aber frei und offen.

Sie: Wir haben uns in einer christlichen Freizeit kennengelernt. Ich war vierundzwanzig, er neunundzwanzig. Für beide
waren es Ferien, als Lehrer hatten wir dabei auch beide ein
Amt. Erich war mit einem Freund da, auf den ich zuerst ein
Auge geworfen hatte. Ich hatte aber auch Erich schon lange
beobachtet, denn er gefiel mir, weil er so sanft war und so ruhig, aber auch bedrückt, er schien deprimiert. Er ging stets
mit hängenden Schultern und gesenktem Kopf. Ich dachte
mir, der trägt was, der muß irgendwie erlöst werden. Und das
nahm ich mir dann vor. Ich glaube, vor einem draufgängeri-
schen Mann hätte ich Angst gehabt – und außerdem hätte der
ja auch keine Erlösung gebraucht. Ich fühlte etwas wie eine
höhere Aufgabe der Nächstenliebe, ganz geistig und körper-
los. Das war meine strenge evangelische Erziehung. Ich
wollte etwas Gutes tun im Leben. Von sinnlich-erotischem
Empfinden war ich weit weg.

Er: Du warst mir aufgefallen durch deine offenherzige Art
und deine Lebenskraft. Ich dachte, die packt das Leben, die
weiß, wie man das macht, die hat Erfahrung, Stärke.

Sie: Nun, Erfahrung hatte ich nicht, hatten wir beide Null. Wir
waren grüner als unreife Äpfel. Du hast mich für erfahren und
auch für schon vergeben gehalten, denn ich war in männlicher
Begleitung dort, aber das war lediglich mein Schwager. Das hast
du halt nicht gewußt. Doch *das* allein hat dich nicht gehindert,
auf mich zuzugehen. Du warst damals so bedrückt, weil du eine
schwere Kränkung und Enttäuschung erlitten hattest.

Er: Ja, ich war in ein anderes Mädchen verliebt. Eine zarte
und vorsichtige Beziehung hatte sich angebahnt. Ganz brav
natürlich, aber wir wollten heiraten. Und dann geschah dieses
Entsetzliche. Wie das ganze Dorf, wußte auch der Vater dieser
jungen Frau davon, daß mein Vater unter epileptischen Anfällen litt. Man weiß ja, das kann erblich sein, ich habe aber
nichts davon abbekommen. Doch ihr Vater rief mich eines Tages zu sich und fragte mich barsch, ob ich seiner Tochter epi-
leptische Kinder zumuten wollte. Er bestand darauf, ich solle
meine Finger von ihr lassen und verzichten. Das hat mich zu-
tiefst verletzt. Die Angst vor Zurückweisung hat mich dann

Frauen gegenüber lange sehr, sehr gehemmt. Ich fing in dieser Zeit auch an, an mir zu zweifeln, glaubte, Gott hätte mir das geschickt, um mich zu prüfen.

Sie: All das wußte ich damals natürlich nicht. Ich war nur traurig, daß du mich nicht anspricht. Du hast dann nach unserem Zusammentreffen deine Hemmungen überwunden und mir einen liebevollen Brief geschrieben, du hast ein Treffen vorgeschlagen.

Er: Ich hoffte und bangte und hatte nichts anderes im Kopf. Ich weiß noch, wie ich gebetet habe, wie ich Gott angefleht habe, er möge es dieses Mal klappen lassen.

Sie: Ich bin deiner Bitte nach einem Treffen nur zu gerne nachgekommen. Wir trafen uns am 10. Juni. Und dann ging alles sehr schnell. Bereits im August waren wir heimlich verlobt. Noch vor Weihnachten gaben wir unsere Verlobung öffentlich bekannt. Ostern haben wir geheiratet. Ich hatte die Ehe, die ich wollte, mit dem Mann, den ich wollte, aber dennoch war es keine Liebesheirat. Ich wußte einfach nicht, was die Liebe einer Frau zu einem Mann ist, ich konnte in diesem Sinne nicht lieben. Ich habe mit dreieinhalb Jahren im Krieg meinen Vater verloren, bin nur unter frommen Frauen aufgewachsen. Alle waren Lehrerinnen, lauter starke Frauen. Später ging mir auf, daß diese Frauen stark waren, weil sie alleine für sich und ihre Kinder sorgten, doch waren sie keine weiblich-sinnlichen Frauen und schon gar nicht auf das andere Geschlecht bezogen. Nie hatte ich etwas von Liebe gehört, von Sehnsucht oder von Schwärmerei, nichts von Trauer um den verlorenen Ehemann. Es gab nur Pflicht und Schule, Bewerten und Benoten und Beten und nochmals Pflicht und Arbeit. All das hatte ich ohne Denken und Hinterfragen übernommen, nie darüber nachgedacht, ob ich eigentlich auch Lehrerin werden wollte. Aber davon später.

Er: Bei mir war es sehr ähnlich. Mein Vater war Lehrer, und so war es klar, ich sollte das auch werden. Ich hatte eine tiefe Liebe zur Musik und wollte lieber Musiker werden. Doch ein Protest gegen die väterliche Autorität war unvorstellbar, er kam gleich nach Gott.

Sie: Ja also, wir heirateten, grün wie wir beide waren und dann kam auch bald unser erstes Kind. Doch statt das Glück einer Mutter und Ehefrau zu genießen, brach Unvorstellbares über mich herein. Ich wurde wohl mit diesem Frausein nicht fertig, ich wurde schwer krank, stürzte ab in eine tiefe Depression. Ich konnte nicht leben und nicht sterben, ich lag nur gequält herum, meist im Dunkeln, stundenlang weinend. Ich konnte mich an unserer kleinen Tochter überhaupt nicht freuen. Und ich hatte auch noch schreckliche Schuldgefühle deshalb. Vor allem war es so schlimm, weil niemand wußte, woher es kam und wie man helfen könnte. Und dann bekam ich auch immer noch zu hören, ich hätte doch alles und sollte doch glücklich sein. Später bekam ich die Diagnose endogene Depression und sollte Tabletten nehmen. Das hat aber alles nicht wirklich geholfen. Es mußte wohl doch etwas von innen geschehen.

Wir haben in dieser schweren Zeit ziemlich viel miteinander geredet, aber komischerweise nie über unsere Ehe. Wir sprachen über religiöse Fragen, über Schicksal und Fügung, darüber, daß man sein Kreuz tragen müsse. Daß zwischen uns etwas nicht stimmte, wollten wir wohl nicht wahrhaben. Trotzdem glaube ich, daß die Gespräche über den Glauben uns viel gebracht haben, wir hatten ein gemeinsames Thema und das verbindet.

Nach drei Jahren unendlicher Qualen sagte mir jemand etwas von Psychotherapie. Das war für mich ein Strohhalm, nach dem ich vorsichtig, aber auch skeptisch griff. Zunächst fühlte ich mich dort gut aufgehoben, es ging mir allmählich besser. Dann jedoch verliebte ich mich in den Therapeuten und kam wieder in die Hölle. Er konnte damit nicht gut umgehen, wie ich das heute sehe. Ich fühlte mich abhängig und benutzt. Ich war an ein schwarzes Schaf seines Faches geraten. Dann kreisten meine Gedanken immer mehr um die Frage, ob die Krankheit eine Strafe Gottes ist. Wofür hatte ich diese Strafe verdient? Als ich dann mit spirituellen Kreisen in Kontakt kam, war ich bald davon überzeugt, daß ich schon einmal gelebt und in diesem Vorleben die entsetzliche Tat begangen hatte, für die ich jetzt büßte. Ich mußte jetzt mein Karma tragen und meine Schuld abarbeiten. Du, Erich, warst mir in jener Zeit eine große Stütze, obwohl meine Abwege dich tief gekränkt haben mußten. Ich fühlte, dir war ich im früheren Leben schon einmal begegnet, und wir hatten gemeinsam etwas zu tragen.

Er: Damals hat wohl allen Nöten und Stürmen zum Trotz unsere christliche Orientierung die Beziehung zusammengehalten. Man verläßt einander nicht, schon gar nicht in einer Krise, und wir hatten fast nur Krisen, wenn man's genau nimmt.

Sie: Nach der Geschichte mit dem Therapeuten haben wir über eine Ehetherapie gesprochen, denn ich merkte, daß es nicht nur in mir, sondern auch zwischen uns nicht stimmte. Ich fühlte mich mit dir nie als richtige Frau. Ich wollte einfach anders leben, ich wollte mehr, von dir, von mir, vom Leben.

Er: Ich stimmte zu, und wir machten zwei Jahre eine Therapie bei einem Psychologen, der auch Theologe war. Nach den zwei Jahren ging es uns viel besser, wir konnten eher damit leben, daß unsere Träume sich nicht erfüllt hatten. Wir waren uns näher als zu Beginn der Ehe. Ich wollte dann aufhören, für mich war das genug.

Sie: Ich aber wollte weitermachen. Mir reichte das nicht. Ich habe dich da nicht verstanden, das gab einen tiefen Bruch zwischen uns. Von nun an ging ich einen anderen Weg. Ich fand endlich meine eigene Individualität, traf eigene Entscheidungen und wußte auch, ich will nicht mehr in die Schule, auch nicht mehr bewerten und benoten, ich mußte einen anderen Weg für mich finden. Aber das war schwer und brauchte Zeit.

Er: Mich hat das total verunsichert. Ich wollte nicht, daß du eigene Wege gehst. Unsere Basis war damit erschüttert, es stand plötzlich eine Mauer zwischen uns. Dann wurde *ich* depressiv. Wenn ich zuhause war, hing ich nur rum und hatte keine Energie, das Leben erschien mir eine einzige Last. Ich zog mich immer öfter in mein Zimmer zurück und weinte heimlich. Das war aber nicht das Schlimmste. Besonders belastete es mich, daß ich anfing, an Gott zu zweifeln. Konnte er mich denn lieben, wenn er mich so im Elend sitzen ließ? – Ich zog mich immer mehr in mich zurück. In der Schule dagegen wurde ich aggressiv, ausgerechnet ich, der ruhige, kontrollierte Typ. Ich rastete mehrmals aus und schlug Schüler. Zunächst deckte mich ein Kollege, aber als die Sache zum Direktor ging, hatte es für mich fatale Folgen. Ich war verzweifelt, kannte mich nicht mehr. Schließlich ging ich drei Monate in eine psychosomatische Klinik. Dort war ich anfangs sehr gehemmt, konnte dann jedoch in der Urschrei-Therapie einiges loswerden. Unsere Kinder, wir hatten inzwischen zwei, haben mir damals Kraft gegeben: Weil man dort keinen Besuch bekommen durfte, haben sie an den Klinikdirektor geschrieben, es ginge doch um die Familie, und warum sie nicht zu mir kommen dürften. Das hat mich sehr gestützt. In dieser Zeit habe ich auch meinen Glauben wiedergefunden.

Und erst, als ich diese schreckliche Krise durchgestanden hatte, konnte ich mit dir sprechen, d. h. wir sprachen eigentlich nicht so sehr über uns, vielmehr war wieder unsere Beziehung zu Gott unser Thema. Es hat mich dann etwas beruhigt, daß du auch gelegentlich an Gott zweifeltest, nach dem Gespräch wußten wir aber beide, daß die Religiosität uns durchs Leben und durch unsere schwere und lange Krise trug.

Sie: Ich ging indessen zwar meine eigenen Wege, hatte auch andere Beziehungen, doch letztendlich hätte ich dich niemals verlassen. Ich fühlte und wußte immer, ich komme zurück. Und eine innere Stimme sagte mir, trenne dich nicht ganz von deinem Mann und deiner Familie. Ich weiß nicht, ob es Gottes Stimme war oder vielleicht die Stimme einer Göttin – jedenfalls kam diese Botschaft doch von oben.

Er: Und ich hatte ja auch wieder Gottvertrauen, auch in unsere Ehe. Nach der Klinik wechselte ich an eine private Schule. Aber mein Leben war sehr schwer, auch weil ich im Dorf nicht mehr angesehen war. Meine Familie galt als komisch. Und das waren wir ja wohl auch in den Augen anderer.

Und glücklich fühlte sich ja auch wirklich keiner. Wir hatten inzwischen drei Kinder und waren doch keine Familie.

Sie: Ja, das Dorf, in dem wir beide aufgewachsen waren und in dem wir lebten, machte mir auch sehr zu schaffen. Man nahm mir alles übel: daß ich meinen Mann nicht stützte, daß ich meinen Kindern keine gute Mutter wäre, dann wohl auch, daß ich meine grauen Haare einfach lang und ungezügelt trug und so überhaupt nicht angepaßt war. Das machte alles wirklich noch viel schwerer, aber es war mein Weg, und ich mußte ihn gehen, und ich glaube, daß ich sonst wieder depressiv geworden wäre.

Er: Ja, ich hatte dann auch Beziehungen zu deinen Freundinnen. Aber glücklich gemacht hat mich das auch nicht. Ich habe immer wieder auf dich gehofft.

Wir haben in dieser Zeit intensive Gespräche geführt, aber wir haben wenig verändert, wir gingen wieder unsere unterschiedlichen Wege.

Wir haben einander sehr verletzt in diesen Jahren.

Sie: Es waren wilde Jahre der Selbstfindung für mich. Ich wußte nun wirklich, daß ich nicht richtig lieben konnte, weder dich noch die Kinder und – am allerschlimmsten – ich konnte mich selbst nicht lieben. Also das mußte ich erstmal lernen. Ich hatte auch den Eindruck, daß das viel mit meiner streng evangelischen Erziehung zu tun hatte, und tief in mir glaubte ich immer noch an einen strafenden Gott. Ich habe mich dann der feministischen Theologie zugewandt und mir da allmählich eine Heimat geschaffen. Und über diese Arbeit bin ich dann auch mehr zu meiner eigenen Weiblichkeit gekommen – ich fing langsam an, mich selbst zu lieben. Mit diesem neuen Gefühl für mich stand ich dann ganz anders in der Welt, und ich wußte auf einmal genau, daß ich nicht mehr in die Schule wollte. Jetzt wußte ich es nicht nur, ich tat auch etwas und suchte aktiv nach neuen Möglichkeiten. Ich wollte weg von Bewerten und Benoten, weg von dem, was ich ohne nachzudenken gewählt hatte, weil es in unserer Familie so üblich war. Durch Zufall geriet ich dann in eine Jeux dramatique Gruppe. Damit tat sich für mich eine neue Welt auf.

Spielen mit einfachsten Mitteln, nur sich selbst in den verschiedensten Rollen erleben, das tat mir unendlich gut. Nach der Selbsterfahrung machte ich die Ausbildung zur Kursleiterin.

Ich machte dann noch mal eine Gestalttherapie, und weil mir das sehr gut getan hatte, ging ich auch in eine Ausbildung. Das war schwierig, weil ich keine Psychologin bin, aber es gab einen Ausbildungsgang für Pädagogen, da wurde ich angenommen. Diese Ausbildung und alles, was ich sonst noch so machte, konnte ich durch eine kleine Erbschaft finanzieren, so daß ich meinem Mann wenigstens nicht auf der Tasche lag.

Glücklich war ich in dieser Zeit aber auch nicht, ganz im Gegenteil, ich fühlte mich manchmal richtig gequält. Ich wußte, daß ich meinen Weg gehen muß, ich konnte nur auf diesem Weg gesunden. Zugleich spürte ich natürlich, daß ich meine Familie vernachlässigte. Ein bißchen Familie und ein bißchen für mich tun, das war es auch nicht. Ich mußte ja auch an später denken, ich wollte unabhängig sein, wenn die Kinder groß sind, ich brauchte eine neue Existenz. Ich hatte das sichere Gefühl, wenn ich ganz in die Familie zurückgehe, überkommt mich die Depression wieder. Diese entsetzlichen Tiefen wollte ich nie wieder durchmachen. Also war ich konsequent. Den Kindern hab ich das erklärt, sie waren für ihr Alter sehr verständig. Meine Tochter sagte einmal: Du kannst ruhig gehen, Mama, wir machen das schon mit dem Papa, wir können das schon. Das sagte sie, als ich wieder mal zu einem Kurswochenende ging. Dabei habe ich genau gespürt, daß sie das nicht nur so sagte, sie verstand mich. Als ich dann am Sonntagabend todmüde wieder nach Hause kam, hatte sie mir einen Kuchen in Herzform gebacken und ein Gedicht dazu gemacht. Mir kamen die Tränen, als ich das sah, den Kuchen konnte ich gar nicht essen, ich hab ihn aufgehoben, bis er ganz verstaubt war.

Durch solche Ereignisse war mein Gewissen dann immer einmal wieder beruhigt, aber meist nur teilweise, weil ich dir so viel aufhalste. In dieser Zeit haben wir nicht viel miteinander gesprochen. Ich habe wohl Gespräche vermieden, weil ich Angst vor den Konsequenzen hatte. Ich hatte Angst, ich werde schwach und gebe auf.

Mein Umgang damals war vielleicht auch etwas ungewöhnlich: lauter Frauen im Aufbruch. Männer hatten da kaum Zugang, obwohl die Kurse für alle offen waren. Ich lebte also in einer richtigen Insider-Welt, in der wir einander gegenseitig stützten. Wenn einmal eine von uns aussteigen wollte, haben wir gemeinsam alle Möglichkeiten beleuchtet, so daß sie dann doch dabei bleiben konnte. Wir hatten einen festen Zusammenhalt.

Er: In dieser Zeit war ich Vater und Mutter zugleich. Ich wollte unbedingt die Familie zusammenhalten. Ich wußte aber auch, daß ich etwas für mich tun mußte, denn mein Selbstbewußtsein hatte sehr gelitten. Ich engagierte mich mehr im Chor. Ich hatte viel Kontakt zu den Kindern und wurde ihre engste Bezugsperson. Außer der Musik stellte ich alle Interessen zurück, lernte kochen und backen und stopfen. Ich glaubte immer noch, Gott würde mir und uns eines Tages doch noch helfen, wieder zusammen zu finden. Ich sang ja in dieser Zeit im Kirchenchor, und die Lieder erfüllten mich tief. Ich gab einfach nicht auf. Mein Vater hatte schon mit seinen Anfällen so viel Leid über die Familie gebracht, und ich wollte auf keinen Fall schuld am Scheitern der Ehe haben. Der Umgang mit den Kindern stützte mich sehr, ich bekam dadurch eine besondere Wichtigkeit. Ich fühlte mich so von Gott geliebt, obwohl ich keine gute Ehe führte. Ich merkte auch, daß ich eine große innere Stärke entwickelte, ich wollte durchhalten.

Sie: Und mich trug die innere Stimme „trenn dich nicht ganz" immer wieder. So kann man sagen, nach fünf depressiven und über zehn wilden Jahren, in denen ich auch meine Sexualität auslebte, orientierte ich mich wieder zur Familie hin. Auf einmal sah ich meinen Mann wirklich, konnte endlich auch würdigen, was er für uns alle getan hatte und auch jetzt noch tut.

Eigentlich sind wir in diesen Jahren zwei Singles gewesen, Singles mit Kindern. Richtig verheiratet waren wir, wenn ich richtig bedenke, nur in den Zeiten meiner Depression, als ich nicht vor die Tür ging.

Sie: Ja und jetzt – Sie sehen ja. Wir sind aus unserem Dorf weggezogen und haben hier das Fertighaus hingestellt, weil wir Geld geerbt haben. Nie wollte ich so was Spießiges wie ein Eigenheim, und jetzt bin ich doch Feuer und Flamme. Ich habe oben einen Raum für mich, in dem ich auch meine Gruppen geben kann. Und jetzt kommt das Allerverrückteste. In diesem Haus haben wir nach sechzehn Jahren wieder ein gemeinsames Schlafzimmer. Wir haben das Bett schon ausgesucht und bestellt.

Ich habe unsere schweren Jahre oft wie eine Prüfung erlebt, und ich habe jetzt den Eindruck, wir haben die Prüfung bestanden, zwar nicht gerade mit Note eins, aber letztendlich doch ganz passabel. Ich habe mir einen neuen Beruf erarbeitet, der mich ausfüllt und in dem ich erfolgreich bin. Du hast die Chorleiterprüfung gemacht und dir damit einen Herzenswunsch erfüllt. Unsere Kinder sind auch gut geraten, da haben wir alle Glück gehabt. Und noch etwas, auch wenn es vielleicht unglaublich klingt. Ich weiß jetzt, daß ich meinen Mann liebe. Ich liebe meinen Mann, die Kinder, das Leben und natürlich auch mich selbst. Ich mußte wohl diese steinigen Umwege gehen, aber ich habe endlich das Wichtigste im Leben gelernt: zu lieben. So sind wir wirklich durch das Dunkel zum Licht gekommen.

Er: Ja, es ist wieder hell geworden für uns. Was Gott zusammenfügt, soll der Mensch nicht trennen.

Was dieses Paar zusammenhält

Diese Ehe stand von vornherein unter einem problematischen Stern. Eine stark wirkende Frau heiratete einen schwach wirkenden Mann. Das Motiv der Partnerwahl hieß „retten und gerettet werden". Daß diese Konstellation nicht trägt, zeigte sich bereits nach einem Jahr, als die Frau nach der Geburt des ersten Kindes schwer depressiv und damit selbst hilfsbedürftig wurde.

Die Frau gesundete in Laufe der Zeit durch innere Arbeit und professionelle Hilfe. Das ging nur deshalb, weil der Mann die Familie zusammenhielt, indem er sich intensiv um die beiden Kinder und den Haushalt kümmerte. So entwickelte er bei sich die Qualitäten, die er eigentlich bei seiner Frau gesucht hatte. Die Rollen drehten sich noch mehrmals um, beide gingen auch eigene Wege, bis sie sich selbst verwirklicht und er an Stärke gewonnen hatte.

Beide haben auf ihren Abwegen die gesuchte Sicherheit und Geborgenheit nicht gefunden. Das und die Scheu vor einer endgültigen Trennung, unterstützt von einem christlichen und feministisch-theologischen Weltverständnis hat das Paar nach vielen Jahren der Krise wieder zusammengeführt.

Kleines Glück in großer Harmonie –
Ehe ohne Konflikte

Hans und Martha

Gingko Biloba

Dieses Baumes Blatt, der vom Osten
meinem Garten anvertraut,
gibt geheimen Sinn zu kosten,
wie's den Wissenden erbaut.
Ist es *ein* lebendig Wesen,
das sich in sich selbst getrennt?
Sind es zwei, die sich erlesen,
daß man sie als *eines* kennt?
Solche Frage zu erwidern,
fand ich wohl den rechten Sinn;
fühlst du nicht an meinen Liedern,
daß ich eins und doppelt bin?

Johann Wolfgang Goethe

Wir treffen dieses Paar in seiner Wohnung im dritten Stock einer gepflegten älteren Wohnanlage am Rande einer norddeutschen Großstadt. Die Eheleute bewohnen hier eine Drei-Zimmer-Eigentumswohnung. Freunde von ihnen hatten uns den Kontakt eröffnet. Wir werden herzlich empfangen und bekommen zunächst die Wohnung gezeigt. Die soliden eichenen Möbel in bäuerlichem Stil werden ergänzt durch Wanddekorationen in Gobelinstickerei, von ihr – wie sie erzählt – nach Vorlagen selbst gearbeitet. Ein riesiger Trockenstrauß ziert den Flur. Alles ist wohlgeordnet, blitzt und blinkt. Die für Norddeutschland etwas ungewöhnliche trachtenähnliche Kleidung der beiden unterstreicht unseren Eindruck von einem betont gediegenen Lebensstil. Sie trägt einen langen weiten Rock und eine Bluse mit Schleife, er eine dazu passende grüne Strickjacke. Beide verraten mit ihrem Habitus wie auch mit ihrer Einrichtung ihre Vorliebe für Südtirol und für alpenländischen Stil. Auch der vom Hausherrn selbst gebaute Einbauschrank im Flur spricht diese Sprache. Er hat ihn patiniert gestrichen und liebevoll mit Bauernblumen bemalt. Aus den Worten des Paares klingt der Stolz auf ihr rundherum harmonisches Heim.

Sie ist fünfundfünfzig, war in den frühen Ehejahren in einem Versicherungsbüro tätig. Als der längst erwachsene und auswärts wohnende Sohn sich damals ankündigte, hat sie den Beruf aufgegeben. Hans ist drei Jahre älter als sie, seit kurzem im Vorruhestand und war vorher als Handwerksmeister bei einem Installationsunternehmen für den Kundendienst verantwortlich. Die beiden verbreiten eine Stimmung von Zufriedenheit und betont enger Zusammengehörigkeit. Gestik, Mimik und Tonfall wirken wie aufeinander abgestimmt. Ab und zu reden beide wie zwei lebhafte Kinder zu gleicher Zeit über dasselbe.

Sie: Wir haben uns im Turnverein kennengelernt, es war bei einer Weihnachtsfeier. Da wurde auch getanzt, und wir hatten uns schon aus einiger Entfernung über andere Tische hinweg mit den Augen gesucht und aus der Distanz geflirtet. Als nach einer Pause der Tanz wieder losging, hast du mich aufgefordert. Ich weiß noch genau, es war ein Walzer. Ich hatte ganz weiche Knie vor Aufregung und hab mich ordentlich festgehalten an dir. Das Tanzen ging dann wunderbar, mein Gott war das aufregend.

Er: Mit dir zu tanzen war aber auch herrlich. Du hast dich gleich an mir festgehalten und hast dich doch locker und leicht bewegt. Da konnten wir uns so richtig drehen und schweben. Wir haben dann keinen Tanz ausgelassen, bis wir beide völlig außer Puste waren.

Sie: Ich war nicht nur außer Atem, ich schwebte auch auf Wolken. Ich hatte gehörig Feuer gefangen und mich heftig in dich verknallt. Du hast mich aber auch nicht mehr losgelassen. Wir hatten uns wohl beide auf den ersten Blick verliebt.

Er: Ja, beide auf den ersten Blick, es hat sofort gezündet. Für die anderen im Saal hatten wir keine Augen mehr. Wir haben uns immer enger aneinander geschmiegt. Später hab ich dich dann nach Hause gebracht, zu Fuß.

Sie: Ja zu Fuß, wir hätten auch mit dem Bus fahren können, aber ein Gang durch den frisch gefallenen Schnee war viel romantischer. Wir redeten wenig auf diesem ersten gemeinsamen Nachhauseweg. Nachher haben wir rausgefunden, daß wir beide das gleiche dachten. Als wir bei mir zu Hause ankamen, hatten wir beide ganz durchweichte Schuhe und Strümpfe, das war uns aber völlig egal. Ich hätte dich am liebsten gleich mit nach oben genommen, aber so was war ja damals noch unmöglich. Wir umarmten uns, und du gabst mir einen sanften, noch ganz vorsichtigen Kuß. Ich glaube, wir waren beide wie im Himmel. Ich konnte die ganze Nacht nicht schlafen.

Er: Ja, ich auch nicht, an Schlaf war nicht zu denken.

Sie: Von da ab waren wir unzertrennlich, verbrachten beinahe unsere ganze Freizeit miteinander. Im Turnverein sah man uns nur noch zu zweit. Ich war einundzwanzig und du schon vierundzwanzig. Für mich Spätzünder war die Liebe aufregend neu, ich hatte noch keine rechte Erfahrung mit dem anderen Geschlecht, außer im Tanzkurs. Ich wollte mich ja ohnehin aufsparen für die große Liebe. Und die hatte ich nun gefunden.

Er: Genau, du warst auch für mich die erste große Liebe. Ich hatte zwar vorher schon mal eine Freundin, aber da war nichts draus geworden, Gott sei Dank, sage ich nachträglich.

Sie: Weil wir so unzertrennlich waren, fanden wir es ganz selbstverständlich, schnell über das Heiraten zu sprechen. Schließlich waren meine Freundinnen fast alle schon unter der Haube, und unter deinen Freunden gab es auch kaum noch einen Junggesellen. Meine und deine Eltern hatten harmonische, gute Ehen, und das wollten wir ganz einfach auch. Wir wollten solide und glücklich sein. Dazu gehörte ein gemütliches eigenes Heim und ein bis zwei Kinder. So planten wir eine beschützende kleine Familie.

Er: Dazu hatten wir bereits ganz handfeste Pläne. Wir hatten beide einen Bausparvertrag laufen. Jeder von uns hatte sein gutes Einkommen, und wir waren sparsam. Der Verlobung und Hochzeit und der gemeinsamen Lebensplanung für danach stand also nichts im Weg. So haben wir's gepackt. Nach drei Monaten haben wir uns verlobt und dann nach einem halben Jahr geheiratet.

Sie: Ja, so einfach war das. Auch unsere Eltern waren zufrieden und haben uns bei der Finanzierung unserer Eigentumswohnung großzügig unter die Arme gegriffen. Wir sind nämlich beide Einzelkinder, und meine Eltern haben aus dem Verkaufserlös für ihren kleinen Bauernhof einen Batzen für uns abgezweigt. Gerade jetzt wurde in der Nähe meiner Eltern diese Wohnanlage gebaut, das paßte wie für uns gemacht. Wir wußten, was wir wollten, und ehe wir uns versahen, hatten wir das Richtige gefunden. So ging das bei uns.

Er: Ja, so ging das oft, wir hatten immer viel Glück.

Sie: Dein Vater als Handwerker hat für den Innenausbau Material besorgt und viel mitgearbeitet. Als wir dann einzogen, war unser Glück vollkommen. Wir arbeiteten ja beide damals und verbrachten dann die Freizeit meist zuhause. Es war harmonisch und schön.

Er: Genau zehn Monate nach dem Einzug wurde unser Sohn geboren. Danach wurde es auf einmal schwierig für uns. Während der Schwangerschaft hattest du dich ja sehr wohlgefühlt und konntest immer für mich da sein. Nach der Geburt hat sich das umgedreht.

Sie: Du hast es nicht verkraftet, daß plötzlich noch jemand da war. Ich hatte nur noch Augen für das Kind, ich war so eine richtige Mutter und dachte an nichts anderes. Ich merkte deshalb auch kaum, daß du immer öfter später aus dem Betrieb kamst, bis dann die Sache mit dem Lippenstift war.

Er: Ja, ich hatte Lippenstift am Kragen, und damit kam alles raus. Ich hab dir sofort gestanden, da ich ein Verhältnis hatte. Ich war ziemlich verzweifelt, weil ich eigentlich gar nicht fremdgehen wollte. Ich wollte ja immer treu sein. Aber ich fühlte mich so einsam und so vernachlässigt, daß es dann doch passiert ist, gegen meine Überzeugung.

Sie: Ich hatte dich vernachlässigt, aber vor lauter Kind hatte ich das gar nicht gemerkt. Es war schrecklich, ich merkte richtig, daß ich Schuld hatte.

Er: Nein, du hattest keine Schuld, ich hab damals einfach nichts kapiert, eine Frau hat doch nach der Geburt nur ihr Kind im Kopf, heute weiß ich, daß das normal ist.

Sie: Ja, das ist normal, aber bei mir war es vielleicht auch extrem. Jedenfalls haben wir beide dann geheult und uns sofort versöhnt. Es gab keinen Streit oder Nachtragen. Wir haben dann beschlossen, daß *ein* Kind reicht. So was wollten wir nicht noch mal erleben.

Er: Ich glaube, noch mal so was hätten wir nicht überlebt.

Sie: Also das Ganze war mir eine heilsame Lehre. Unser Leben hat sich dann geändert. Ich hab mich dann noch mal neu in dich verliebt, und du warst ja auch sehr nett mit dem Baby.

Sexualität hat seither in unserer Ehe keine sehr große Rolle mehr gespielt, außer vielleicht in den ersten Monaten nach der Versöhnung.

Wir gehen gern Hand in Hand und umarmen einander viel, im ganzen leben wir aber eher geschwisterlich. Natürlich haben wir ein gemeinsames Schlafzimmer, es ist auch wunderbar eingerichtet, aber schon, weil wir beide gern kalt schlafen, huschen wir immer schnell unter die Decken. Manchmal kuscheln wir uns zwar noch zusammen, aber mehr muß nicht sein. Wir sind daran gewöhnt und finden es gut so. Es gibt aber immer einen Gute-Nacht-Kuß, sonst kann keiner von uns einschlafen.

Nach deiner Affäre damals haben wir ab und zu einen Babysitter genommen. Wir gingen wieder zu den Veranstaltungen des Turnvereins und traten in einem Kegelclub ein. Das machte uns beiden viel Spaß. Du warst aber immer besser als ich.

Er: Oh ja, einmal bekam ich sogar die Königskette. Wir haben dann oft Ausflüge mit dem Kegelclub gemacht. Deine Mutter hat währenddessen Kind und Wohnung gehütet. Jahre später ist sie leider gestorben. Da war unser Sohn schon in der Schule, und du hattest noch mehr Zeit für uns beide.

Du hast morgens die Hausarbeit gemacht und am Nachmittag mit Peter die Hausaufgaben. Wenn ich abends kam, hattest du wirklich Zeit für mich. Wir gingen mal wieder ins Kino oder gut essen, und endlich gingen wir auch wieder zum Tanzen, wir haben so die Erinnerung an unsere frühe Liebe gepflegt. Dann schien die Zeit still zu stehen, es war wie damals, wir lebten auf einer Insel des Glücks.

Sie: In den folgenden Jahren traten bei dir plötzlich diese entsetzlichen Magenbeschwerden auf, keiner wußte, woher. Du hast eine ganze Zeit nichts gesagt, weil du mich nicht belasten wolltest. Ich habe dir aber genau angesehen, daß was nicht stimmt, du konntest ja auch nicht mehr alles essen.

Er: Ich hatte Ärger im Geschäft. Eigentlich wollte ich das Berufliche ja draußen lassen, so was zerstört nur die Gemütlichkeit. Als du mich fragtest, mußte ich natürlich antworten. Mein Chef war nicht richtig zufrieden mit mir, die Arbeit ging ihm zu langsam. Wir hatten kurz zuvor neue Maschinen bekommen, mit denen ich nicht recht klar kam. Ich fühlte mich durch die neue Technik eher be- als entlastet. Du hast mich dann ermutigt, mit dem Chef ein offenes Wort zu reden. Die Situation hat sich dadurch zwar entschärft, aber mein Magenproblem blieb. Damals dachten wir noch nicht an eine Operation, später kamen wir aber nicht drumherum.

Sie: Seit dieser Zeit wurde ich aufmerksam, ich beobachtete dich, wenn du abends heimkamst, nahm geringe Stimmungsschwankungen wahr. Dabei ist mir dann aufgefallen, daß du einen bestimmten Gesichtsausdruck, der mit Ärger im Betrieb verbunden war, eine ganze Weile vorher auch schon hattest. Solltest du doch irgendeinen Ärger in der Familie haben? Ich fragte dich, du sagtest nein – also blieb es friedlich zwischen uns.

Auch unsere Zukunftspläne waren ganz normal. Irgendwann würde unser Sohn aus dem Haus gehen, er würde sicher heiraten und uns ein paar Enkel bescheren. Die Dinge gingen so richtig ihren Gang, wir hatten, was wir wollten.

Finanziell geht es uns auch gut, aber deine frühe Rente verdanken wir deiner Krankheit. Du bist damals um die Magenoperation doch nicht rumgekommen. Das war wohl die schlimmste Zeit unseres Lebens. Ich habe in Todesängsten geschwebt, du könntest aus der Narkose nicht mehr aufwachen. Ich wäre wohl gleich mitgestorben.

Er: Es ging gut, Gott sei Dank, ich bin zwar sehr gehandikapt mit dem halben Magen, aber es geht. Im Krankenhaus und in der Zeit danach hast du mich liebevoll und mit aller Geduld gepflegt. Ich fühlte mich gehätschelt und verwöhnt wie ein Baby. Vielleicht bin ich auch deshalb recht bald wieder gesund geworden.

Sie: Es war ganz seltsam, ich erinnere mich jetzt daran, daß ich am Krankenbett manchmal in Kleinkindsprache zu dir geredet habe, du warst so hilflos, daß sich das einfach so ergeben hat. In dieser Zeit warst du mir das Wichtigste auf der Welt, unser Sohn war bei der Oma. Ich konnte ganz für dich da sein, wie in unserer Anfangszeit.

Er: Du hattest auch die Idee mit dem Vorruhestand und hast dazu den Papierkram erledigt. Ich danke es dir, daß wir jetzt wieder unbeschwert und ohne Sorgen leben können. Ich spüre noch etwas von der alten Verliebtheit, sie ist noch da, ein bißchen anders, ruhiger und sanfter, aber sie ist da.

Sie: Darum hast du mir zum letzten Hochzeitstag diesen schönen Ring geschenkt, mit einem Türkis, meinem Lieblingsstein, und dazu eine Reise nach Südtirol. Dort waren wir schon oft mit Gruppenreisen, da sind wir mit anderen Ehepaaren und treffen Gleichgesinnte. Diesmal sind wir aber allein gefahren, hatten ein wunderbares Hotel und haben auch gleich wieder nette Ehepaare kennengelernt. Es war wieder alles wunderbar. Abends bekam man fünf Gänge serviert, ganz gut zubereitet und ganz große Portionen. Das Zimmer, ja das ganze Haus war urgemütlich, überall so schön dekoriert, herrliche Trockenblumen. Davon haben wir uns auch welche mitgebracht, die wurden im Hotel verkauft. Sie passen gut in unsere Wohnung.

Er: Jetzt, wo wir wieder daheim sind, probierst du ab und zu mal ein aus dem Urlaub mitgebrachtes Tiroler Rezept. Du kochst ja sehr gerne und kannst es auch gut. Wir haben den gewohnten Lebensrhythmus wieder aufgenommen: Dienstag zum Beispiel fahren wir mit der S-Bahn in die Stadt, dort trennen wir uns für zwei Stunden. Du gehst gerne in die Kaufhäuser, meistens zum Hertie, ich gucke mir in der Fußgängerzone die Stände an und da und dort die Straßenmusiker. Manche kennen mich schon. Danach treffen wir uns beim Alten Fritz zum Essen, an dem Tag brauchst du nicht zu kochen, wir genießen das richtig.

Sie: Alle vierzehn Tage bist du donnerstags in deinem Video-Club, das ist der einzige Abend, den wir getrennt verbringen. Ich gehe während dieser Zeit zu einer Nachbarin. Später bekomme ich die Urlaubsaufnahmen vorgeführt, wir können dann in der Erinnerung die schönen Tage noch einmal genießen, das ist unglaublich gemütlich, und uns fallen alle möglichen Einzelheiten wieder ein.

Er: Da wo es besonders schön war, fahren wir gerne mehrmals hin. Wir gehen eben gerne in die Berge, dort zieht es uns immer wieder hin. Wenn wir im Alter vielleicht einmal nicht mehr so reisen können, wie unser Freund Peter in seinem Rollstuhl, dann wird uns das sehr fehlen. Nun, was die Zukunft bringt, liegt in Gottes Hand. Wir wollen das Heute leben, in Frieden und Eintracht.

Sie: Noch was ist für unser Glück wichtig. Unser Sohn hat sich sehr gut entwickelt. Er ist verheiratet und führt auch eine glückliche Ehe. Kinder hat das Paar noch nicht, das ist vielleicht auch ganz gut für uns, dann brauchen wir nicht babysitten und haben weiter alle Zeit für uns.

Er: Unsere wirtschaftliche Situation ist auch geregelt. Ich hatte ein gutes festes Einkommen, das Wohnungsdarlehen haben wir längst abbezahlt, und heute beziehen wir beide unsere Renten. Das Geld verwaltest du, du machst es sehr gut. Ich habe mein Taschengeld, damit komme ich aus und spare sogar noch was für Geschenke.

In unserem Leben gibt es keine Aufregungen, gab es eigentlich noch nie, außer früher in meiner Arbeit. Privat ist alles geregelt. Wir haben für bestimmte Dinge bestimmte Tage, z. B. mit dem Essen. Montags kochst du Reste, dienstags „Alter Fritz", mittwochs Mehlspeise, donnerstags Eintopf, freitags Fisch und am Wochenende irgendeinen Braten. Für abends wird aber nie was geplant, da stehen wir meist zusammen in der Küche und brutzeln was, oder es gibt was Kaltes.

Sie: Wenn man gut plant, kriegt man viel unter im Leben, so haben wir eigentlich immer Zeit. Wir gehen wandern, einmal in der Woche schwimmen, wir radeln viel, wir gehen gern spazieren. Wir sind uns immer einig, auch beim Fernsehen.

Er: Das stimmt nicht, du magst keinen Fußball.

Sie: Dafür hab ich dir ja den Kopfhörer geschenkt. Ich sitze daneben im Wohnzimmer, manchmal schaue ich auch hin, aber meist sticke ich, wenn du Fußball guckst.

Er: Manchmal sind wir auch mit ein, zwei Ehepaaren hier aus der Gegend unterwegs, das ist immer sehr schön und harmonisch, obwohl die nicht so fit sind wie wir.

Sie: Als du noch gearbeitet hast, war es nicht anders, nur, daß wir nicht so viel Zeit füreinander hatten. Aber wir hatten immer schon den gleichen Geschmack und die gleichen Interesse. Und wenn es mal nicht so ist, gebe ich nach, das fällt mir als Frau leicht. Ich finde Harmonie sehr wichtig, eigentlich das Wichtigste in einer guten Ehe.

Er: Ja, Harmonie ist das Wichtigste, da sind wir uns einig. Wir leben unser kleines Glück in großer Harmonie.

Was dieses Paar zusammenhält

Dieses Paar lebt eine symbiotische Beziehung: In größtmöglicher Nähe und Übereinstimmung entwickeln Mann und Frau ihre höchste Liebeskraft. Diese Art der engsten Gemeinschaft fordert von beiden viel Achtsamkeit, denn nichts darf die als oberstes Prinzip angestrebte Harmonie stören. Diese hohe Achtsamkeit hat aber eine Schattenseite: sie bezieht sich fast ausschließlich auf die Wünsche des oder der jeweils anderen – allenfalls noch auf gemeinsame Wünsche. Eigene, wirklich persönliche Wünsche werden nicht wahrgenommen oder fallen bei Auftauchen sofort einer Zensur zum Opfer, da sie eine Bedrohung der Zweisamkeit bedeuten.

Eine so enge und ausschließlich aufeinander bezogene Ehe wird häufig durch die Geburt eines Kindes erschüttert, da das Baby dem Mann den nächsten Platz an der Seite der Frau streitig macht. Das war auch bei Hans und Martha der Fall. In seiner Erschütterung durch die vermeintliche Zurückweisung fühlte sich der Ehemann quasi gezwungen, sofort eine sexuelle Beziehung zu einer anderen Frau aufzunehmen, um zumindest zeitweise intime Nähe zu spüren. In diesem Konfliktfall kam dem Ehepaar der „Zufall" zu Hilfe, und Hans konnte Martha offen gestehen, was geschehen war. Das Paar ging weiteren ähnlich gelagerten Konflikten aus dem Weg, indem es auf ein zweites Kind verzichtete.

In dieser sehr engen Bindung hat das Paar seinen Lebensstil gefunden. Eine Chance für beide läge darin, die Vertrautheit und Sicherheit als Basis für mehr eigene Wege und Interessen zu erkennen. Das könnte natürlich Auseinandersetzungen bedeuten, aber auch Wachstum und Entwicklung.

Laß dich doch von mir berühren!

Birgit und Helmut

...
Umarme ihn, wenn eine Glut
dich vorwärts drängt, ihn zu begrüßen.
Dann leg ihm Deinen Mut zu Füßen.
Und mache kein Geschäft. – Sei gut.
...
Ich bin auch mehrmals so in Glut gewesen
Und hielt mich still. Hab mich gescheut,
und hab Versäumtes hinterher bereut.
...

Joachim Ringelnatz

Wir besuchen dieses Paar in einem Vorort von Rosenheim. Die vierköpfige Familie bewohnt ein kleines Einfamilienhaus mit Garten, vom Hausherrn mit Hilfe von Freunden und Handwerkern geschickt und geschmackvoll um einen Anbau erweitert, der dem Haus Bungalowcharakter verleiht. Ein schmiedeeisernes Namensschild weist uns den Weg, das Hoftor ist schon für unseren Wagen geöffnet.

Birgit, die Hausfrau, hat im Wintergarten einladend mit Zweigen und Kerzen für uns gedeckt. Während sie Kaffee und Tee zubereitet, erzählt er von seiner soeben überstandenen Nierenkolik. Es war nicht seine erste, und so hatte er schon Erfahrung, rechtzeitig etwas dagegen eingenommen und es mit zusammengebissenen Zähnen, wie er sagt, überstanden. Er erscheint uns noch blaß im Gesicht, gibt sich jedoch jovial und lässig, macht ein paar Scherze und überbrückt so die Zeit, bis Kaffee und Tee fertig sind. Dann kommt Birgit hinzu. Sie hat eine frauliche Ausstrahlung, ihre weibliche Figur wird durch einen Pulli und dazu passendem engen, langen Rock betont. Die beiden Söhne, zehn und sechs Jahre alt, sind für den Gesprächsnachmittag zu Oma und Opa gebracht worden. Nach den ersten Bissen des köstlichen Obstkuchens kommt das Gespräch zur Sache.

Er: Wir haben uns in der Firma kennengelernt, es war eine Versicherung, damals ein etwas verstaubter Laden. Die waren da alle ziemlich verschroben, alle schon halbe Omas und Opas, so jenseits der dreißig und vierzig. Wir saßen gerade beisammen und hatten Abteilungsbesprechung, fast nur diese Alten und ich, mit dreiundzwanzig der Jüngste. Da ging die Tür auf, und der Personalchef kam mit dir herein, um dich als neue Mitarbeiterin vorzustellen. Das war in unserer Firma so üblich. Endlich mal frisches, junges Gemüse, dachte ich, und hinterher haben wir im Kollegenkreis gefrotzelt, wer die wohl kriegt? Also, du hast mir gefallen, du warst noch recht jung, aber doch schon eine richtige Frau.

Sie: Du bist mir damals nicht aufgefallen. Unter der Reihe von neuen Gesichtern bist du mir nicht in Erinnerung geblieben.

Er: Ich hab eben ein Alltagsgesicht, das übersieht man leicht. Deshalb hab ich auch manchmal eine große Klappe, zu übersehen bin ich, aber kaum zu überhören. Also, du solltest meiner Abteilung zuarbeiten, und du hast deine Arbeit von Anfang an sehr gut gemacht, aber ich hab mir immer wieder einmal etwas von dir erklären lassen, was ich eigentlich schon wußte – nur um mit dir zu tun zu haben. Ich hab auch mal einen Minifehler gefunden, lediglich um einen Rücksprachegrund zu haben.

Sie: Mir ist das schon aufgefallen, daß du mich so oft angerufen hast. Zuerst hatte ich immer Angst, ich hätte etwas falsch gemacht. Doch bald merkte ich, da steckte etwas anderes dahinter. Das hat mir dann sehr geschmeichelt. Ich hatte zu jener Zeit ziemlich wenig Selbstbewußtsein, ich fand mich überhaupt nicht attraktiv. Dein offensichtliches Interesse an mir als Frau hat mich so richtig aufgebaut. Ich dachte, an mir muß doch was dran sein, wenn er sich so für mich interessiert.

Er: Ich hab dich dann mal in ein Café und bald drauf ins Freibad eingeladen, ich wollte einmal sehen, was unter deinen Kleidern steckt, man kauft ja keine Katze im Sack. Ich muß schon sagen, ich war platt, was ich zu sehen bekam. Es war alles dran an dir. Wir gingen dann öfter miteinander aus, mal hier hin, mal dort hin und kamen uns näher.

Sie: Ja, und meine Oma, bei der ich aufgewachsen war und bei der ich wohnte, hat genau aufgepaßt, daß ich um zehn daheim war. Ich war noch ganz streng erzogen, mit vierzehn glaubte ich noch, vom Küssen bekäme man Kinder. So naiv war ich da natürlich nicht mehr, aber vorsichtig, ich hatte vorher noch keinen Freund.

Er: Damals warst du so anhänglich, aber zugleich auch spröde. Irgendwie sind wir aber dann doch zum ersten Mal im Bett gelandet. Auf die Dauer allerdings ist mir das Liebesleben viel zu eng geworden, da hat mich dann so richtig das Fernweh gepackt. Ich bin für fünf Wochen allein nach Finnland gefahren. Vorher haben wir diskutiert, ob ich mir lieber ein Motorrad kaufen sollte oder eben für das Geld die Reise mache.

Sie: Ich hatte Angst mit dem Motorrad, da kann dir leicht was passieren, und stimmte deshalb für die Reise. Die fünf Wochen waren dann aber sehr lang für mich, damit hatte ich gar nicht gerechnet. Ich hab erst während deiner Abwesenheit begriffen, daß ich mich wirklich in dich verliebt hatte. Gott sei Dank hast du mir viele Karten geschrieben, so war es zum Aushalten.

Er: Ich hab dich sogar einmal vom Schiff aus angerufen.

Sie: Ja, und heute, wenn du wegfährst, da höre ich manchmal wochenlang nichts von dir!

Er: Wenn du nichts hörst, ist alles in Ordnung, da brauch ich doch nicht anzurufen.

Sie: Nach deiner Rückkehr – das war eigenartig – mußte ich mich erst wieder an dich gewöhnen, es fing eigentlich noch mal neu an.

Er: Für mich warst du noch dieselbe, da hatte ich null Probleme. Wir gingen wieder ab und zu aus, wie man halt so miteinander geht. Irgendwann warst du auch nicht mehr so prüde wie anfangs. Aber du mußtest immer noch um zehn zuhause sein, deine Oma war da nicht zu erweichen, obwohl du schon neunzehn warst.

Sie: Meine Mutter hatte mich ganz früh bei meiner Oma gelassen. Sie war mit sechzehn schwanger geworden, hatte dann schnell geheiratet und sich nach meiner Geburt sofort wieder getrennt. So war ich wenigstens ehelich. Sie ist dann nach Amerika ausgewandert und hat dort wieder geheiratet. Von mir wollte sie nicht mehr viel wissen. Meinen Vater habe ich nicht gekannt, er war ein Spanier. Jedenfalls hatte meine Oma Angst, daß es mir wie meiner Mutter gehen könnte, deshalb war sie auch so streng. Sie war sogar immer froh, wenn du verreist warst. Aber ich bin ihr sehr dankbar, sie hat mich gut erzogen und war gut zu mir. Übrigens kam dann auch bald wieder eine längere Trennungszeit für uns.

Er: Diesmal ging es für drei Monate nach Australien. Ich hatte unbezahlten Urlaub genommen. Ursprünglich solltest du mitkommen, aber im letzten Augenblick wolltest du dann doch nicht, oder die Oma war dagegen.

Sie: Mir war das einfach zu abenteuerlich, so im Bus quer durch das Riesenland zu fahren, wo man nie weiß, in welcher Unterkunft man landet, einfach so ins Blaue rein.

Er: Mir ist so was egal. Ich mache mich auf meinen Weg und gucke, wo ich lande. Ich hab noch nie im Freien schlafen müssen, nur wenn ich es wollte, irgendwann im Sommer in einer Scheune. Ich hab drüben so ein Busticket gekauft, mit dem ich durch das ganze Land fahren konnte, die Routen habe ich mir selber zusammengestellt. In Australien war ich in meinem Element, das Land liegt mir einfach. Ich hab dort auch Verwandte besucht, die haben einen Handwerksbetrieb und hätten mich gern dabehalten. Damals suchten die ja händeringend Leute, dort hätte ich bleiben können, obwohl ich ja Kaufmann bin. Ich hab es mir sehr überlegt, hatte mir sogar schon die notwendigen Antragspapiere dafür besorgt. Aber dann hat es mich doch wieder zurückgezogen.

Sie: Als du dann wieder da warst, bin ich in eine eigene Wohnung gezogen, meine Oma hätte mich ja sonst zu sehr beeinflußt. Ich bin keine, die dann jedes Wochenende wieder den alten Unterschlupf sucht – ausgezogen ist ausgezogen. Ich glaube, dann hab ich aber einen Fehler gemacht: Ich hab mich zu sehr an dich geklammert, du warst ja auf einmal alles für mich.

Er: Ja, deine ständigen Anrufe waren nervig. Ich hatte keine Lust, jedes Wochenende mit dir was zu machen. Du hast aber immer so gedrängt, daß ich schließlich doch ja gesagt habe.

Sie: Aber es war dann doch auch schön, oder?

Er: Ja, das schon, aber es ging meist von dir aus.

Sie: Nun, nach zwei Jahren hin und her haben wir uns am Ende eine gemeinsame Wohnung genommen, somit hörte die nervige Telefoniererei und Fahrerei auf. Ein Nesthocker bist du jedoch nicht geworden. Du hast bald wieder vom Reisen geträumt, du wolltest sogar alles hinschmeißen und nach Australien auswandern. Dazu hatte ich aber keine Lust. Wir haben uns auf eine große Australienreise von neun Monaten geeinigt. Um sie zu finanzieren, haben wir monatelang jeder einen Nebenjob gehabt und jede Mark gespart. Wir sind nicht mehr ausgegangen, alles ging in die Reisekasse. Ich war nicht sicher, ob das richtig war, aber nun hatte ich einmal zugesagt. Ich stehe immer zu dem, was ich gesagt und auch zu dem, was ich aus Überzeugung angefangen habe.

Er: Eine Kollegin von mir und ihr Mann hatten gleiche Pläne, mit denen haben wir uns zusammengetan. Wir haben uns intensiv vorbereitet, haben auch einen Erste-Hilfe-Kurs gemacht und lauter Überlebenszeug gelernt. Im Norden des Kontinents wollten wir zum Beispiel in Plantagen arbeiten, um die Kasse aufzufüllen. Dazu kam es allerdings nachher nicht, unser Geld hat nämlich gut gereicht. Wir Männer waren jedenfalls ganz Feuer und Flamme, wir wollten so richtig was erleben, Abenteuer pur. Und die Kollegin hatte eine Schwester dort, das sollte unsere Anlaufstelle sein.

Sie: Wir Frauen waren nicht ganz so begeistert, haben jedoch mitgemacht. Aber wir haben uns auch mal heimlich ohne die Männer getroffen und beratschlagt, ob wir nicht aus der Sache aussteigen sollten. Dann sind wir die Männer auf ewig los, meinte die Kollegin von dir, und damit hatte sie wohl auch recht. Also machten wir endgültig mit.

Er: Wir lebten erst einmal vier Wochen bei der Schwester meiner Kollegin. Die hatte ein großes Haus. Trotzdem war es sehr problematisch. Wir hatten ja erst mal kein Auto und mußten uns um alles kümmern.

Sie: Die Fassaden von uns vieren bröckelten rasch ab, und es gab oft Krach, immer paarweise, also die Männer verkrachten sich oder wir Frauen zankten uns. Wenn allerdings die Männer im Streit lagen, haben wir Frauen immer wieder geschlichtet. Das konnten wir recht gut, da verstanden wir uns sofort wieder besser. Streit zwischen Männern und Frauen gab es gelegentlich auch, und da haben wir oft, wenn auch nicht immer, nachgegeben, weil wir vier ja so aufeinander angewiesen waren.

Er: Wir hatten eine gemeinsame Kasse mit den anderen beiden, und die Auseinandersetzungen waren oft wegen dem Geld. Sie wollten sparen, wir etwas erleben, das paßt halt nicht zusammen. Dennoch war es ein tolles Erlebnis, so unterwegs zu sein, ungebunden – wir hatten bald ein Wohnmobil gekauft – stehen bleiben, wo man will, Einsamkeit, Natur pur, es war faszinierend. Die Arbeit hat mir nicht gefehlt, die brauchte ich sowieso noch nie, ich langweile mich nie, wenn ich nur unterwegs sein kann. Nach den neun Monaten Australien haben wir zunächst einmal ein paar Wochen bei meiner Mutter gewohnt, denn die andere Wohnung hatten wir ja aufgegeben. Damals waren Wohnungen knapp, da sind wir Mittwoch abends immer schon beim Rosenheimer Anzeiger Schlange gestanden und haben uns auf die Vermietungsseite gestürzt.

Sie: Wir haben dann auch eine neue Bleibe gefunden, und 1986 haben wir auch geheiratet.

Er: Du hast mich gedrängt, ich konnte nicht mehr anders, ich wurde geheiratet. Die Heirat hat auch zwischen uns nichts verändert, den Sinn einer Heirat sehe ich auch heute noch nicht, heute braucht man das ja auch nicht mehr.

Sie: Ich wollte aber, für mich waren das Heiraten und die Ehe etwas sehr Wichtiges im Leben. Die Oma hat mich auch dauernd gefragt, wann denn nun Hochzeit sei. Kinder wollte ich auch haben, später mal, und die sollten in einer richtigen Familie aufwachsen. Wir waren da schon so lange und eng zusammen, ich fand es an der Zeit, die Dinge ordentlich zu regeln.

Er: Es tröpfelte dann so dahin, Höhen und Tiefen, es ist alles Gewohnheit. Wir haben ein ganz normales durchschnittliches Leben, wie eben alle hier im Vorort. Man lebt so, man denkt nicht viel nach. Es klappt ja auch so alles. Die Tage gleichen sich, die Wochenenden auch. Wir haben das schöne Haus, den Garten. Mit dem Anbauen sind wir fertig, wir können jetzt genießen, was wir erreicht haben. Ich gehe viel mit Kollegen weg, wir spielen Skat und Dart. Du hast das Haus und die Kinder, die Katzen und das Stricken und triffst dich ja auch mit den anderen Müttern, da sitzt ihr dann zusammen und ratscht. So was läge mir nicht, das ist Frauensache. Ein Ventil für das normale Leben sind dann meine Reisen, die mache ich meist alleine, du hast ja die Kinder, und die müssen in die Schule.

Sie: Aber den Sommerurlaub machen wir jedes Jahr alle zusammen, und das ist immer sehr schön. Dieses Familienleben tut mir gut und ist auch für die Kinder wichtig.

Er: Sonst fahr ich allein oder mit meinen Kumpels, ein- bis zweimal im Jahr bin ich für ein paar Tage weg. Da hast du ja auch nichts dagegen.

Sie: Stimmt, hab ich nicht, du fährst ja schließlich nicht nach Thailand. Und ich fahre manchmal auch mit Freundinnen einige Tage fort. Das ist dann der Ausgleich, den ich brauche. Ich muß eben auch mal andere Gesichter sehen. Deswegen kriegen wir keinen Streit.

Er: Richtig, wo wir uns aber öfter in die Haare geraten, das ist die Erziehung der Kinder. Auf der einen Seite bist du zu nachgiebig, nimmst alle beide vor mir in Schutz, andererseits packst du sie ganz falsch an. Früher hast du immer so viel rumgeschrieen: Zieh den Bademantel an, schmeiß das Handtuch nicht so rum, heb den Pulli auf. Das kann man erstens auch ruhig sagen, zweitens schafft das nur Widerstand und ändert die Kinder nicht. Mit denen muß man viel gelassener und konsequenter umgehen.

Sie: Ja, aber das mache ich heute nicht mehr so. Allerdings könnte ich keine Erzieherin sein, das ginge mir zu sehr auf die Nerven. Einmal hab ich auch am Frühstückstisch rumgeschimpft. Florian hatte seine Milch verschüttet, da hat er auf einmal ganz komisch reagiert und von seinen Plüschtieren gesprochen. Er ist immer sehr lebhaft und hat viel Phantasie. Aber das war so seltsam, so richtig verwirrt. Er war dann nicht mehr ansprechbar, hat ganz leer geschaut und nicht mehr geantwortet. Da haben wir gemerkt, daß was nicht stimmt. Zuerst dachten wir, es sei die Hitze, es war August, aber so komisch kann man davon nicht werden. Du bist dann zur Arbeit, und ich hab den Notarzt gerufen. Bis der kam, war der Flori wieder ganz normal. Der Arzt hat wohl gedacht, daß ich spinne. Es war wie ein böser Traum, ich dachte: War das jetzt wirklich oder nicht?

Er: So was kam dann aber nach vier Wochen noch mal, da hatte er auch Lähmungserscheinungen auf der rechten Seite. Da haben wir den Notarzt aber nicht gerufen, der hätte sowieso davon nichts verstanden. Wir haben ihn dann in die Kinderklinik gebracht, es war aber auch diesmal wieder nach fünf Minuten vorbei, und die haben auch nichts gefunden. Da bin ich wild geworden und habe Dampf gemacht. Ich hab ihn dann in ein anderes Krankenhaus gebracht, dort gab es zwar keine Kinderabteilung, aber eine Gehirnchirurgie. Die haben ihn dann richtig auf den Kopf gestellt, mit Computertomographie und allem.

Sie: Der Arzt hat dann einen Tumor im Kopf diagnostiziert, fingernagelgroß, der sollte sofort raus. Mir flatterte das Herz nach dieser Eröffnung, aber da bist du dann endlich mal ganz für unsere Familie eingestanden.

Er: Nichts da, hab ich gesagt, sofort raus das gibt es nicht. Ich will mehr Informationen, ich will mitbestimmen. Ich wollte noch einen anderen Arzt hören. Da haben sie einen Bericht geschrieben, die Eltern widersetzen sich der Operation. Ich war auf hundertfünfzig. Ich hab mir dann noch mal alle möglichen Informationen eingeholt und bin dabei auch auf eine Ärztin im selben Krankenhaus gestoßen, mit der hatte ich schließlich das erste vernünftige Gespräch. Sie hat mir alles genau erklärt und mich überzeugt, daß die Operation sein muß. Dann haben wir zugestimmt. Ich hatte kapiert, daß es um Leben und Tod ging, wenn es auch äußerlich nicht so aussah.

Sie: Flori fühlte sich aber inzwischen wieder pudelwohl und konnte gar nicht verstehen, wieso er operiert werden sollte. Es war ganz schwer, ihm das zu erklären, er war ja erst vier. Ich hatte entsetzliche Angst, außerdem war ich schwanger und fühlte mich nicht so besonders. Am Operationstag hab ich ihn dann allein in die Klinik gebracht, die hatten für uns dort ein Zweibettzimmer frei gemacht, so wie nach der Geburt, also Rooming-in. Es war so schrecklich für mich, du warst ja in der Arbeit, ich hab das alles allein gemacht und durchgestanden. Ich hab noch nie im Leben solche Angst gehabt. Wenn sie einem Kind den Kopf aufmeißeln, das ist so furchtbar. Bei manchen Ehepaaren ist das ja so, daß sie sich durch so etwas sehr nahe kommen, sie nehmen sich in die Arme, weinen und trösten sich. Ich hab das gesehen im Krankenhausflur. Bei uns war das nicht so, ich hätte es aber sehr gebraucht.

Er: Körperkontakt, Schmusen oder Umarmen, das ist nichts für mich. Nicht nur, daß ich es nicht mag, es ist mir einfach zuwider. Alles, was eng ist und nah, halte ich nicht aus. Meinen obersten Hemdenknopf zum Beispiel habe ich auch nie geschlossen, eine Krawatte trage ich schon mal gar nicht, das wissen meine Kollegen auch, die akzeptieren das, mein Chef auch. Das Allerschlimmste wäre ein Rollkragenpullover, da ginge ich ein, das würde ich nicht aushalten.

Sie: Ja, du magst Nähe nicht, aber für mich wär das schon sehr wichtig. Aber ich habe mich daran gewöhnt, daß es ist, wie es ist, man kann so was ja nicht erzwingen. Du machst das eben nicht, nie. Meine Freundin, die Helga, ist auch mit so einem Typ wie du verheiratet, aber der hat seine Hemmungen in der Ehe langsam verloren. Die beiden können jetzt viel besser miteinander umgehen. – Aber zurück zum Operationstag. Der war schlimm für mich. Es war entsetzlich, mit dieser Angst so alleine zu sein. Ich hab dich dann doch in der Firma angerufen. Ich hatte mir zwar fest vorgenommen, nicht zu weinen, aber es kam dann doch. Da hast du gesagt: Hör auf zu heulen, damit ist noch nie ein Problem gelöst worden. – Wir sind als Paar nicht zusammengewachsen in dieser Zeit.

Er: Ja, ich bin streng. So halte ich es auch mit den Kindern. Wenn sie dasitzen und über ihre Hausaufgaben heulen, dann sage ich: Hört auf zu heulen, es gibt keinen Grund dafür. Alles, was ihr braucht, steht in den Büchern, ihr müßt es nur langsam und gut lesen, Schritt für Schritt. Ich will ihnen dann auch helfen, aber sie heulen weiter oder starren in die Luft. Da geht nichts, sie sind dann richtig verstockt.

Sie: Du läßt ihnen aber auch keine Zeit, manchmal brauchen sie einfach länger, etwas zu kapieren.

Er: Zeit darf man nicht vertrödeln, die ist dazu da, daß man sie nutzt. Das müssen die Kinder frühzeitig lernen, gerade heutzutage.

Sie: Schwierige Situationen meisterte ich meist allein. Ich gehe alleine zu den Elternsprechtagen. Ich kaufe alles ein, auch für dich. Andere Männer gehen ja schon mal mit in die Stadt, aber daran hast du keinen Spaß. Und seit einiger Zeit beschäftige ich mich mit Bachblüten. Ich hab das Buch von Mechthild Scheffer gelesen, das hat mich sehr angesprochen, das ist jetzt mein Hobby.

Er: Schon mehr als ein Hobby, schließlich sind wir extra dorthin gefahren und haben den ganzen Kasten gekauft, über hundert Fläschchen sind das.

Sie: Ich wende das an, und es hilft mir auch. Der Flori ist ja eine Frühgeburt, er ist unglaublich lebhaft. Ich habe gelesen, daß Frühgeburten im Leben nachholen, was sie im Mutterleib versäumt haben, die Bachblüten können auch das gut unterstützen. Der Stefan macht uns keine besonderen Probleme, er hat mal eine Scheibe eingeworfen oder kloppt sich mit seinem Freund. In der Schule ist er auch recht gut.

Er: Mein Hobby ist Video, Aufnahmen von meinen Reisen. Manchmal quartiere ich die Familie aus, dann hab ich Platz und bin ungestört, kann dranbleiben. Dann ist die ganze Wohnung wie ein Videostudio, überall liegt etwas rum.

Sie: Ich habe übrigens mit Florians Geburt aufgehört zu arbeiten. Als er vier war, kam dann noch der Stefan. Aber ich kenne auch Frauen, die wieder halbtags arbeiten, wenn die Kinder größer sind. Ich möchte das dann auch wieder tun.

Er: Man kann nur eines richtig machen, entweder ist eine Frau mit Kindern zuhause oder sie hat keine und ist berufstätig. Ich mache ja auch nur eines, und das richtig.

Sie: Aber ein paar Stunden …

Er: Das bringt nichts, da wird dann alles nur halb gemacht. Ich weiß genau, daß ich da recht habe. Ich habe ein sicheres Gefühl für alles, vor allem, wenn etwas schief geht. Deswegen überlege ich alles ganz genau im Vorfeld. Und das hat sich bewährt, es ist ja noch nichts schiefgelaufen bei uns, auch mit dem Geld nicht. Darüber streiten viele Paare, das weiß ich aus der Arbeit, da wird über so was viel gesprochen. Aber bei uns klappt das spitze, das wird auch in Zukunft so bleiben. Das geht nur, wenn du Zeit hast, nur so kannst du auch günstig einkaufen und Geld sparen. Das brauchen wir auch. Wenn die Kinder groß sind, geht es nämlich wieder los auf Fahrt. Die Jungen kriegen mit neunzehn einen Fußtritt und raus, ich ins Wohnmobil und weg, und du kommst mit.

Sie: Das weiß ich aber noch nicht, auch mit neunzehn brauchen einen die Kinder noch, da möchte ich schon noch erreichbar sein.

Er: Wenn sie ordentlich erzogen sind, stehen sie auf eigenen Füßen, dann sind Mama und Papa sowieso out.

Sie: Das warten wir mal ab. Ich bin da nicht so sicher, daß das so sein wird, vielleicht bleib ich auch hier. – Also das mit dem Geld, das geht so: Die Finanzplanung mache ich, ich teile alles ein und bin dabei vernünftig und sparsam. Wenn ich mal etwas für mich kaufe, dann bleibt das immer im Rahmen, ich hab ein gutes Händchen, wenn mir was gefällt, warte ich oft, bis es reduziert wird.

Er: Ja, das machst du sehr gut, deshalb können wir uns ziemlich viel leisten, Reisen meine ich. Das Umgehen mit Geld, das hast du von deiner Oma, die konnte das auch, die machte aus wenig viel.

Sie: Ich wußte gar nicht, daß du mich da so gut findest. Ich höre sonst nie ein Lob von dir, nie was Positives.

Er: Aber da schon, das müßtest du doch wissen. Du hast dich ohnehin gut entwickelt in der Ehe. Du ziehst dich auch nicht mehr so zurück, wenn was ist. Du warst früher so brav, jetzt machst du auch mal was gegen Widerstand.

Sie: Daß du das so siehst! Das höre ich sehr gerne, du sagst ja sonst nie so was. Ich ahnte doch, dieses Gespräch heute bringt uns was – manche Paare gehen ja in Therapie.

Er: Sowas widerstrebt mir. Ich kann mir nicht vorstellen, daß mir jemand anderes sagt, was *ich* machen soll. Bisher hab ich meine Probleme auch immer allein gelöst.

Sie: Der Therapeut würde dir ja nicht sagen, was du machen sollst, er würde nur deinen Blick ein bißchen woanders hin richten, du würdest auch *mich* mehr sehen. Du siehst ja noch nicht einmal, wenn ich was Neues anhab oder eine neue Frisur. Das merken immer nur die Kinder.

Er: Doch, ich sehe dich, wie du bist. Unsere Ehe ist gut, sie ist verläßlich und sicher, wir haben die Dinge im Griff. Du denkst vielleicht manchmal: Mit dem nie wieder! Aber Gegensätze ziehen sich an. Da sind wir der beste Beweis.

Sie: Das kann man auch anders sehen. Jedenfalls hab ich dich heute zum ersten Mal über unsere Beziehung reden hören und das sogar positiv. Ich hab den Eindruck, das Gespräch heute könnte etwas in Gang bringen. Wir haben heut abend noch viel zu reden.

Zu einem telefonischen Nachgespräch

Birgit und Helmut hatten noch viel miteinander zu reden und das nicht nur an diesem Abend, wie sie uns drei Wochen später berichtet haben. Nachdem die Ehe der beiden bisher nur als der Versuch der Frau zu verstehen war, zwischen ihrem unerfüllten Nähebedürfnis und dem ausgeprägten Distanzverhalten des Mannes eine auf Dauer tragfähige Brücke zu bauen, könnte jetzt vielleicht ein erster Schritt gelingen, diese Brücke auch wirklich zu betreten.

Birgit drängt verstärkt auf therapeutische Hilfe, und ihr Mann lehnt solche Unterstützung schon nicht mehr so stur ab wie anfangs. Wir können beiden nur wünschen, daß der begonnene neue Weg des Redens und Austauschens weiterentwickelt wird.

Übrigens erzählte Birgit noch, daß sie ab Monatsersten zweimal in der Woche vormittags in der Bäckerei nebenan im Verkauf aushelfen wird. Sie konnten sich darauf einigen, daß Helmut an diesen Tages das Frühstück macht und die Kinder in die Schule bringt. Ein schöner Erfolg!

Was dieses Paar zusammenhält

Sehr unterschiedliche Wünsche hinsichtlich Nähe und Distanz kennzeichnen diese Beziehung von Anfang an. Die Frau drängte nach einiger Zeit des Zusammenlebens auf Heirat, der Mann willigte eher unwillig ein. So zieht sich diese Problematik ohne eine gemeinsame Lösung durch die elf Ehejahre. Welchen Weg hat das Paar gewählt, um dennoch miteinander auszukommen?

Der Ehemann hat für sich eine Lösung gefunden. Er grenzt sich mit seinem Hobby ab, verreist allein, ist viel mit seinen Freunden zusammen. Er scheint die verbindliche Nähe des Ehealltags zu scheuen. Vermutlich stützt seine Abgrenzung seine persönliche Identität. Da er in dieser Weise für sich sorgt, kann er in wirklich schwierigen Situationen die Kraft aufbringen, für die Familie dazusein und klare Entscheidungen zu treffen.

Die Ehefrau lebt ihren Wunsch nach Nähe und Kommunikation mit den Kindern. Sie bildet den emotionalen Halt der Familie. Das bedeutet aber auch, daß sie emotionale Belastungen allein zu tragen gewohnt ist.

Entwicklungsmöglichkeiten für diese Ehe liegen im Schritt der Frau nach draußen in die gewünschte Teilzeit-Berufstätigkeit und natürlich in der von der Frau vorgeschlagenen therapeutischen Hilfe für das Paar.

Es bleibt die Frage, wieso die Frau den Mann wählte, bei dem sie von Anfang an so wenig von dem bekam, was sie braucht. Hat sie den „abwesenden Vater" zum Mann gewählt?

Gemeinsam sind wir stark

Carla und Jens

> ...
> Dich dich sein lassen
> ob das schwer oder leicht ist?
> Es kommt nicht darauf an mit wieviel
> Vorbedacht und Verstand,
> sondern mit wieviel Liebe und mit wieviel
> offener Sehnsucht nach allem –
> nach allem
> was *du* bist
> ...
>
> *Erich Fried*

Wir treffen dieses Paar in der „Kulisse" in der Maximilian-
straße in München. Carla und Jens sind auf Geschäftsbesuch
hier. Eine große Organisation hat zu einer Gala ins Prinzre-
gententheater eingeladen. Carla ist die Tochter einer guten
Freundin von uns, ihren Mann Jens kennen wir von verschiedenen Besuchen. – Sie betreten das Lokal freudig aufgeregt
und sagen uns gleich, daß sie sich auf das Gespräch freuen –
sie hätten, seit sie den Termin wüßten, mehr miteinander geredet als in den zwanzig Jahren ihrer Ehe.

Sie: Wie wir uns kennengelernt haben? Da muß ich erst mal
nachdenken, da hab ich so lange nicht mehr dran gedacht.
Weißt du das noch, Jens?

Er: Ja, das war doch damals im Karneval im Haus dieser
schlagenden Verbindung. Das Haus war meine zweite Heimat. Wir feierten viel, und bei diesem Fest warst du auch dabei mit deinem Freund.

Sie: Ja stimmt, aber da kannten wir uns schon vom Rechenzentrum der TU, da arbeitete ich als Programmiererin,

und ich hatte dich gelegentlich beraten. Ich war von dir beeindruckt. Du hast gesagt, wo dein Problem liegt und hast dann meine ausgearbeiteten Lösungen einfach angenommen. Andere Männer haben immer verhandelt oder wollten meine Lösungen nicht gleich akzeptieren. Ich hatte den Eindruck, du achtest mich und meine Kompetenz. Ich brauchte dir nichts zu beweisen, um nichts zu kämpfen.

Er: So war es aber auch, und so ist es auch heute noch. Von deiner Kompetenz profitiert die ganze Firma und dadurch natürlich auch unsere Familie und unser ganzer Lebensstil. Das ist einfach eine Tatsache.

Sie: Ich war damals eng mit einem jungen Mann befreundet, mit einem Studenten aus gutem Hause. Ich war in solide Hände geraten, gut aufgehoben in gewisser Hinsicht. Die Familie meines Freundes hatte Besitz, und nachdem es in meiner Familie immer sehr knapp daher ging, hatten mir meine Eltern auch deshalb zu diesem Mann geraten. Aber ich fühlte mich in eine solide, brave, langweilige Rolle gesteckt, die gar nicht zu meinem Wesen paßte. Sexuell lief auch ganz wenig, ich fühlte mich schon richtig alt. Außerdem meckerte mein Freund an mir rum, lachte mich aus, wenn ich mir z.B. was gekauft hatte, was ihm nicht gefiel. Vielleicht hing das damit zusammen, daß ich im Rechenzentrum sehr erfolgreich war, er dagegen sein Studium schlecht schaffte.

Er: Bleib doch mal bei diesem Karneval. Da war doch schon so was wie eine geheime Vereinbarung gefallen.

Sie: Ja, ich hab mit dir getanzt – übrigens das einzige Mal im Leben, wir haben nie wieder getanzt –, und da ging es mir auf einmal durch und durch, und ich wußte, was ich vorher gar nicht als Möglichkeit in Betracht gezogen hatte: Ich muß nicht bei meinem Freund bleiben, ich muß nicht versauern und verkümmern, ich kann mich entscheiden, anders zu leben. Es war so eine richtige Gewißheit. Ich hab dir das damals nicht gesagt, aber ich habe es gewußt und gespürt. Ich war in diesem Moment entschlossen, was zu ändern.

Er: Ja, wir haben uns dann öfter getroffen, zuerst heimlich. Aber dann hast du schnell klaren Tisch gemacht und es dem

Sven gesagt. Das war schlimm für ihn und auch für mich, denn ich war ja bis dahin mit ihm befreundet. Ich hätte gern mit ihm gesprochen, so: „Mit euch das war nichts, das paßte nicht und jetzt nehme ich sie, jetzt kommt sie zu mir." Aber das ging nicht, er mied mich. Er war einfach nur sauer und wollte nicht reden.

Sie: Es ging dann alles ziemlich schnell. Überraschenderweise waren meine Eltern verständnisvoll. Sie merkten auch, daß mir diese Beziehung emotional nicht gut tat, und dann hat ja die materielle Versorgung wenig Wert.

Er: Sie wollten mich dann natürlich auch kennenlernen. Also trafen wir uns zwischen Aachen, wo wir wohnten, und Essen sinnigerweise auf einem Bahnhof, im Bahnhofsrestaurant.

Sie: Und mein Stiefvater hat dich doch dann gefragt: „Ja, wollen sie die Carla denn auch heiraten?" Da hast du geantwortet: „Das kann ich doch jetzt noch nicht wissen." Mein Stiefvater war platt, aber ich glaube er hat deine Ehrlichkeit geschätzt. Jedenfalls mochte er dich gleich. Er hat mich dann später angerufen und mir Glück mir dir gewünscht.

Er: Zu meinen Eltern ist nicht viel zu sagen, eine normale harmonische Familie. Mein Vater hatte die Inkassofirma, das Büro war im Haus, meine Mutter versorgte Haus und Garten. Es war normal und gut so. Sie stritten sich nicht. Ich hab eine jüngere Schwester, die ist auch ganz normal verheiratet und hat zwei Kinder.

Sie: Bei mir war das problematischer. Mein Vater war im Krieg gefallen, ich hatte ihn nicht wirklich gekannt. Meine Mutter mußte sich mit mir durchschlagen, sie arbeitete im Büro, und ich war tagsüber bei Verwandten. Meine Mutter war sehr hübsch und hatte viele Verehrer, aber sie wollte nur einen Mann, der auch mir gefiel. Mein Stiefvater war von Anfang an sehr nett zu mir, ganz ruhig und liebevoll. Als er meiner Mutter einen Heiratsantrag machte, sagte sie: „Da muß ich erst die Carla fragen." Ich sagte: „Mama, nimm ihn, der ist nett." Er war ein ganz stiller Mann, ich kenne ihn nur in seiner „Burg", d.h. seinem Lesezimmer. Er kam nur zum Essen in die Familie. Aber er war emotional für uns da und gab meiner Mutter alles Geld, das er verdiente als Autor.

Er: Also weiter in unserer Geschichte. Für mich lief dann alles ganz normal. Man verliebt sich, unternimmt viel, es stimmte einfach alles zwischen uns. Wir sind dann recht schnell zusammengezogen. Heiraten wollten wir dann irgendwann auch, aber nicht sofort.

Sie: Aber dann war das mit der Steuer. Ich verdiente damals sehr viel. Mein Chef hatte gesagt, wenn sie arbeiten wie ein Mann, dann sollen sie auch verdienen wie ein Mann. Und das tat ich dann auch. Ich war Steuerklasse I, und du zahltest keine Steuern.

Er: Meine Eltern unterstützten mich. Ich studierte ja noch. Ich hatte zwar auch einen kleinen Job ...

Sie: Also beschlossen wir zu heiraten. Wir hätten das sowieso getan, das war uns klar, aber vielleicht etwas später.

Er: Und dann sagte mein Vater: „So jetzt bist du verheiratet, jetzt ist deine Frau für dich zuständig, ich zahl dir jetzt nichts mehr." Da standen wir finanziell wieder so da wie früher.

Sie: Aber wir haben es uns immer gut gehen lassen. Mit dem Zelt sind wir überall hingefahren, von Aachen aus war das ja ganz einfach. Wir haben es genossen, daß wir uns so gut verstanden. Für mich war das Wichtigste, daß ich so sein konnte, wie ich war. Ich brauchte mich nicht mehr zu verbiegen und abzuschneiden. Du hast mich so genommen, wie ich bin, und dadurch fühlte ich mich auch so wohl. In meiner vorherigen Beziehung war ich immer schlapp und müde, das hörte dann völlig auf, ich fühlte mich lebendig und jung, voller Schwung. Weil mein Freund damals ein eher depressiver Typ war, hab ich mich wohl auch runterziehen lassen. Aber das hab ich erst später gemerkt. – Mein Freund wollte später auch keine Kinder, das wäre für mich sehr schwer gewesen. Ich hatte mich zwar einverstanden erklärt, daß ich die Pille nehme. Aber ich vergaß sie oft und lebte viel in Angst. Dummerweise hatte er mir das auch erst gesagt, als wir von Verlobung sprachen, da fing ich sowieso an zu zweifeln, ob ich mit ihm weitermachen wollte. Ich schob die Entscheidung vor mir her. – Mit dir war das dann anders. Ich hab sofort darüber gesprochen, als ich merkte, es wird ernst zwischen uns. Ich war ganz glücklich, daß du auch zwei Kinder wolltest. Ich wurde dann auch schwanger, du warst zu dieser Zeit mit dem Studium fertig und bekamst sofort eine Stelle in Düsseldorf. Da hast du uns dann eine Wohnung besorgt, und wir zogen um. Dann wurde der Markus geboren. Ich war schon 33 und hatte richtig Lust auf Kinder. Ich war glücklich, zu Hause zu sein. Nur unsere Wohnung war der Horror, laut und ohne Grün in der Umgebung. Ich wurde immer depressiver.

Er: Ich dachte, das kommt von der Hormonumstellung. Aber eines Tages fragte ich doch mal, was los ist.

Sie: Ich hatte vorher immer schon mal versucht, mit dir über mich zu sprechen. Ich war ja den ganzen Tag nur mit dem Kind zusammen und wollte mich abends mal vernünftig austauschen. Das war aber immer problematisch zwischen uns. Ich fühlte mich oft abgeschmettert, wenn ich dein berühmtes „mußt du immer über alles reden" hörte. Ich versuchte dir klarzumachen, wie wichtig das Reden für mich ist. Du sagtest dagegen, ich brauche nicht zu reden, ich mache alles mit mir selbst aus. Was sollte ich da machen, ich konnte dich ja nicht ändern. –

Er: Aber damals warst du so depressiv, daß ich Angst um dich bekam, das war, als ich dich dann von mir aus mal ansprach. Wir kamen aber eher auf das Thema Wohnung.

Sie: Als du mich ansprachst, hab ich losgeheult und hab gesagt, ich will hier weg, ich fühle mich hier nicht wohl. Ja, und dann meintest du, wenn du eine andere Wohnung findest ... und die hatte ich dann nach sage und schreibe einer Woche gefunden! Über unsere Kommunikation hab ich damals aber nicht mehr gesprochen, da war ich fast schon resigniert.

Er: Du hast dich dahinter gesetzt und sofort was gefunden, das fand ich toll, du hast es nicht auf mich geschoben. So bist du, du tust, was ansteht, und hast Erfolg.

Sie: Nach zwei Monaten zogen wir um. Seit der Umzugsplan feststand, ging es mir zumindest etwas besser. Es wurde mir aber immer bewußter, daß meine Depression auch mit dem mangelnden Austausch zu tun hatte.

Wir wohnten dann in der Nähe einer Volkshochschule. Das brachte mich auf die Idee, am Wochenende Kurse zu besuchen. Ich suchte mir einen Kommunikationskurs heraus. Ich hatte zwar nicht das Gefühl, daß ich Kommunikation lernen mußte, ich hab ja immer gern und viel geredet, es ging mir eher um den Kontakt, ums Aussprechen. Diese Idee hat sich dann doppelt und dreifach bezahlt gemacht. Aus dem Kurs ging nämlich eine laufende Gruppe hervor, wir trafen uns alle 14 Tage mit dem Leiter, und eine junge Ehefrau, der es mit ihrem Mann genauso ging wie mir mit dir, besuchte mich öfters. Ich hatte eine gute Lösung gefunden.

Trotzdem merkten wir, daß wir nicht so leben konnten, wie wir es als Familie wollten. Wir wollten eigentlich ein Haus und viel Grün und Ruhe um uns herum. In der Düsseldorfer Ecke wäre das für uns unerschwinglich gewesen. Deswegen planten wir, in den Norden zu ziehen, in deine Heimat.

Er: Aber da oben in Schleswig gab es keine so großen Baufirmen, die mich als Bauingenieur gebraucht hätten, und ich wollte gern meine qualifizierte Arbeit tun. In dieser Zeit fragte mich mein Vater immer mal wieder, ob ich nicht sein Inkassobüro übernehmen wollte. Zuerst sagte ich immer nein. Das Zeug interessierte mich nicht.

Sie: Dann haben wir es einmal gründlich besprochen, auch unsere Zukunft als Familie, und dann hast du dich entschlossen, in Abendkursen den Betriebswirt zu machen. Da ging das Reden dann mit dir, immer wenn es sich um was Konkretes handelte, hast du dich doch geäußert, und wir konnten uns gut einigen. Es folgte eine harte Zeit. Da hast du bis sechs gearbeitet und bist dann viermal pro Woche zur Uni und zweimal zum Fußball. Da hatte ich nicht viel von dir. Aber ich habe mir gedacht, wenn ich jetzt motze, dann wird alles nur noch schlimmer, das bringt gar nichts. Und vor allem: Wir hatten ja ein Ziel vor Augen, der Weg war absehbar. Außerdem war ich sehr glücklich mit dem Kind. Ich habe alles beobachtet und genossen, hab die kleinste Entwicklung mitbekommen und mich daran gefreut. Auf unser gemeinsames Ziel hinzuleben, hat sich dann auch sehr gelohnt. Ich hatte ja auch meine neue Freundin und alle 14 Tage die Gruppe, da ging das alles recht gut.

Als du mit dem Abendstudium fertig warst, haben wir uns dann auf in den Norden gemacht. Wir haben mit Hilfe deiner Eltern und einem Bausparvertrag ein altes Haus gekauft. Dein Vater gab uns drei Monate bezahlten Urlaub, und wir renovierten Tag und Nacht.

Bei solchen Gelegenheiten geht es mir immer sehr, sehr gut mit dir. Wenn man zusammen etwas arbeitet, braucht man nicht viel zu reden, das Zusammengehörigkeitsgefühl kommt einfach durch das Tun und die Freude am Erfolg, so ist es auch im Büro, da rede ich mit allen anderen mehr als mit dir.

Er: Nach dem Einzug wurde dann die Lina geboren, und du stiegst in die Firma mit ein. Das lief reibungslos. Wir hatten wieder eine Etappe geschafft.

Sie: Und dann kam etwas ganz Wichtiges, etwas das unsere Beziehung sehr geprägt und gefestigt hat.

Er: Das mit dem Tennis meinst du sicher. Ja, das war eine Wende. Damals trafen sich die Jugendlichen in unserem kleinen Ort abends im Bushäuschen, lungerten rum, rauchten und tranken Bier. Und da dachte ich mir: So sollen meine Kinder nicht aufwachsen.

Sie: Du hast ja in Aachen und Düsseldorf begeistert Tennis gespielt und hattest dann *die* Idee. Du hast dich um alles gekümmert, Grund gefunden, Sponsoren begeistert, den Bürgermeister überzeugt, und dann haben wir dort einen Tennisclub gegründet. Damals hast du zu mir gesagt: „Wenn du in den nächsten Jahren was von mir haben willst, mußt du auf den Tennisplatz kommen, da triffst du mich immer." – Ich hatte aber mit Sport gar nichts am Hut, schon mal gar nichts mit Tennis, das fand ich affig. Aber ich wußte, daß du es ernst meinst, wenn du etwas sagst, das war schon immer so, und das habe ich auch immer sehr geschätzt. Also machte ich mich ans Tennislernen. Ich weiß noch, wie ich geheult habe. Ich hatte gar kein Talent zu so was. Dann bekamen wir einen jungen Tennislehrer, der war zwanzig, ich damals schon vierzig. Er sagte: „Frau Abt, das schaffen wir schon." Er gab mir das Gefühl, daß er gerne mit mir spielt. Und dann ging es wirklich Schlag auf Schlag. Mein Ehrgeiz war geweckt, und was ich nie für möglich gehalten hätte, ich spielte jede freie Minute, dann natürlich nicht nur mit ihm. Tennis ist mein Leben geworden, oder besser, Tennis ist unser Leben geworden. Wir haben dann gemeinsam den Club aufgebaut und geleitet. Auf einmal gab es ringsum Tennisfans. Das soziale Leben im Dorf hatte sich durch den Tennisclub vollkommen verändert. Ich leite im Tennisclub schon seit Jahren die Jugendarbeit, ich verstehe mich gut mit den jungen Leuten, und unsere Kinder sind natürlich auch Tennisfans. Und noch was sehr Schönes ergab sich als Nebenprodukt: Ich galt wohl im Dorf am Anfang als etwas exotisch, ich weiß noch, damals hatte ich so eine Zöpfchenfrisur mit eingeflochtenen Perlen, das hatte man da oben wohl noch nie gesehen. Ich wollte mich auch nicht ändern, das hatte ich ja damals für meinen Freund getan und wußte, das bringt nichts. Dadurch, daß die Leute sahen, daß ich zupacken und mich engagieren kann, hatte ich auf einmal einen guten Stand, und das ist bis heute so geblieben. Ich bin ein bißchen anders, aber ich werde akzeptiert.

Er: Es hat sich dann noch etwas geändert. Wir brauchten in der Firma ganz neue Berechnungssysteme, und da bist du eingestiegen und hast den gesamten Laden neu programmiert. Dadurch waren wir plötzlich viel leistungsfähiger als die Konkurrenz. Die Firma florierte wie nie zuvor. Mein Vater staunte nur so.

Sie: Ich hab das liebend gern gemacht. Endlich konnte ich den Haushalt aufgeben. Wir haben seitdem eine Haushälterin, die jeden Tag kommt. So finde ich das Leben wunderbar. Am Anfang war es aber nicht so, da habe ich tagsüber Kinder und Haushalt versorgt und abends oder nachts ein paar Stunden gearbeitet. Das ging ganz gut als Übergang. Jetzt bin ich täglich zwei bis vier Stunden im Büro. Ich finde das ideal. Vor allem auch, weil wir gleich gegenüber von unserem Wohnhaus arbeiten. Also: Familie, Arbeit, Tennis alles unter einem Hut! Und immer das angenehme Gefühl: Ich kann so leben, wie ich will, ich bin ich.

Er: Und ich kann es mir auch gar nicht anders vorstellen. Mein Leben mit dir, den Kindern und allem anderen, das kommt mir so normal vor, das ist genau mein Leben.

Sie: Eine interessante Sache sind auch noch unsere Urlaube. Wir fahren jedes Jahr sechs Wochen nach Österreich, da habe ich ein wunderschönes altes Haus geerbt. Wir haben es gemeinsam restauriert und haben dadurch da unten gute Freunde gefunden. Und natürlich sind wir dort auch im Tennisclub, der ist wie eine zusätzliche Heimat für uns.

Er: Urlaub heißt Tennis, das ist klar. Wir sind echte Fans. Einmal hat uns der Verband zum Training nach Mallorca eingeladen, da hab ich dich gefragt, ob du dahin möchtest, weil ich gerade vom Geschäft nicht weg konnte.

Sie: Ich wollte nicht alleine verreisen, dazu hatte ich keine Lust. Als du es dann für dich doch möglich gemacht hast, war nur noch ein Platz frei, und da stand ich nun. Dir hat es spitze gefallen, und im nächsten Jahr hab ich es dann mal alleine gewagt. Seitdem machen wir das ab und zu getrennt, dann ist immer jemand im Geschäft. Ich war übrigens platt, wie die Leute sich benehmen. Viele machen Tennis nur so nebenbei, sie sind mehr auf Abenteuer aus. Das hat mich aber nie gereizt. Flirten ja, aber das reicht. Für mich ist es immer ein Tennisurlaub.

Ich hab mir früher nie vorgestellt, wie ich einmal leben will in der Ehe.

Er: Ich auch nicht.

Sie: Aber es hat sich so richtig ergeben. Ich habe es immer genommen, wie es gekommen ist. Das mache ich auch jetzt. Ich meine mit unseren Problemen.

Er: Probleme haben wir doch keine.

Sie: Doch, die haben wir wohl. Du hast heute abend mehr gesprochen als sonst in zwei Jahren. Das hat mir lange Zeit sehr zu schaffen gemacht. Ich mußte immer rausprudeln mit dem, was mich beschäftigt. Du hast dann nur „hm" gesagt und bist in dein Zimmer verschwunden, und ich ging immer mehr auf die Palme. Das tue ich heute nicht mehr. Ich kann dich da nicht ändern, das habe ich eingesehen. Als Ersatz habe ich eine sehr gute Freundin gefunden, meine Freundin Birgit. Sie arbeitet auch bei uns im Büro. Obwohl sie siebzehn Jahre jünger ist als ich, kann ich alles, wirklich alles mit ihr besprechen. Ich profitiere sehr von ihr. Sie ist so lebensklug. Also mit ihr rede ich hundert Mal soviel wie mit dir. So brauche ich dir nicht mehr auf den Geist zu gehen. Du bleibst, wie du bist, ruhig und introvertiert. Ich kann so übersprudelnd sein, wie ich bin, eben mehr extrovertiert. So können wir uns leben lassen.

Weil ich soviel mit der Birgit rede und kläre, haben wir natürlich auch wenig Streit, eigentlich gar keinen.

Er: Ja, ich denke, immer streiten lohnt sich nicht, am nächsten Tag sieht sowieso alles anders aus.

Sie: Das stimmt, manchmal war oder ist es auch so, daß ich etwas als Mordsproblem sehe. Du sagst dann ganz ruhig einen Satz dazu und rückst damit alles zurecht. Dann ist bei mir auch der Dampf raus. Du siehst die Dinge anders, und oft stimmt's, wie du es siehst. Das sehe ich ein, und das schätze ich an dir. Du bist ja auch mit Birgits Mann befreundet. Aber wie ihr Männer halt so seid. Ihr hockt euch hin und spielt stundenlang Schach, fast wie die Fische. Aber wir lassen euch das. Außer in den Tennisclub, wo es natürlich immer ums Tennis geht, gehen wir nie aus, so fällt es nicht so auf, daß du nicht redest.

Dann gibt es aber noch ein Problem, oder sagen wir mal es könnte doch mal so groß werden, daß professionelle Hilfe notwendig wird, das ist der Alkohol. Du setzt dich hin, ganz in Ruhe alleine und trinkst im Nu zwei Flaschen Wein, manchmal auch noch einen Cognac. Wenn ich es dann merke und was sage, hörst du zwar auf, aber es macht mir Sorge.

Er: Sorgen brauchst du dir nicht machen, ich trinke ja nur, weil es mir schmeckt, nicht, weil ich Probleme habe.

Sie: Vielleicht hast du aber doch welche.

Er: Nein, bestimmt nicht, das wüßte ich doch.

Sie: Nun, ich reite nicht drauf rum. Aber wenn es schlimmer würde, würde ich sagen: Tu was dagegen.

Das andere Problem ist mein Stiefvater, der seit dem Tod meiner Mutter hier in der Nähe wohnt. Er verkraftet das Alleinsein schlecht. Außerdem leidet er unter einem schlecht verheilten Handgelenksbruch und ist dadurch recht ungeschickt geworden.

Er: Seit er hilfsbedürftig ist, hat er so eine indirekte Art entwickelt, die mich nervt. Er sagt z.B. Jens, bist du nicht zufällig mal in meiner Gegend, oder du könntest doch mal bei mir vorbeischauen. Er redet irgendwie um die Ecke, bis ich dann rauskriege, was er wirklich will. Ich habe ihm hundertmal erklärt, er soll mir doch klar sagen, was er will, ich helfe ihm ja gerne. Aber nein, es geht nicht.

Er redet uns auch in die Erziehung rein. Er beobachtet, wie wir mit den Kindern umgehen und findet alles falsch. Den Sohn sollen wir härter behandeln, der müßte doch ein „richtiger Mann" werden.

Sie: An Lina hat er auszusetzen, daß sie so viele Interessen hat und selten zuhause ist. Er meint, wir müßten ihr mehr weibliche Tugenden beibringen. Anfangs haben wir endlos diskutiert, d.h., ich habe mit meinem Stiefvater gestritten, und du saßest dabei und wurdest immer saurer. Wenn wir dann abends wieder allein waren, war die Stimmung zwischen uns verdorben.

Ich habe dann eine gute Lösung gefunden. Wir holen Vater gemeinsam ab, fahren dich ins Clubhaus, und dann bin ich mit ihm allein. So kann ich mich richtig um ihn kümmern, ich koche und backe, was ihm schmeckt, wir gehen spazieren, manchmal legt er sich auch einfach vors Fernsehen. Seit er weiß, daß du samstags dein Herrendoppel spielst, ist die Situation friedlich, und es geht uns allen besser. Die Kinder sind mal da, mal nicht. Wenn du nicht dabei bist, meckert Vater auch nicht soviel rum. Aber im allgemeinen muß ich sagen, wir haben wenig Probleme, vor allem keine, die uns als Paar betreffen. Wir haben einfach ein gutes Leben, und ich kann es mir ohne dich nicht vorstellen.

Er: Ich auch nicht. Ich lebe gerne so. Es paßt mir alles, und ich bin zufrieden.

Sie: Noch was ist für unsere Beziehung wichtig, das ist die Sexualität. In meiner ersten Beziehung lief da ja nicht viel. Wir hatten beide wenig Interesse, es machte mir auch keinen Spaß. Mit dir zusammen habe ich dann meine Sexualität erst richtig entdeckt, es war etwas, das wir *zusammen* erlebt haben. Plötzlich war das Ganze total aufregend für mich, ich lernte ganz neue Seiten an mir kennen. Ich fühlte mich auf einmal viel weiblicher. Ich kaufte mir Kleider und Röcke und trug das sportliche Zeug nur noch zum Spazierengehen. Heute ist unsere Sexualität zwar nicht mehr so aufregend, aber sie ist da. Ich glaube das liegt daran, daß ich dich einfach so gut riechen kann. Du hast so einen besonderen Duft. Der zieht mich immer wieder zu dir hin.

Er: Du auch, es stimmt, das geht wirklich gut mit uns. Wahrscheinlich bin ich auch deswegen so treu. Echte Probleme haben wir also nicht. Ich hatte noch nie eine Freundin und will auch keine. Ich hab mit dir alles, was ich brauche. Eine Freundin, das wäre auch viel zuviel Streß. Ich sehe gerne schöne Frauen, aber das ist auch alles, und das ist doch auch erlaubt.

Sie: Trotzdem war ich manchmal eifersüchtig, aber immer grundlos. Ich hatte auch nie einen anderen Mann, ich war immer treu, und ich bin auch gerne treu. Mir fehlt ja nichts. Höchstens manchmal ein bißchen Lob. Da sagst du höchstens alle zwei Jahre mal was. Aber wenn man soviel Anerkennung braucht, das liegt auch an einem selber. Je sicherer ich mich fühle, selbstsicherer meine ich, je weniger Anerkennung brauche ich. Die gebe ich mir dann einfach selbst. Das Leben mit dir paßt mir trotz der kleinen Mängel. Aber weißt du was, eigentlich passen wir gar nicht zusammen, zwei total unterschiedliche Temperamente. Und trotzdem eine ausgesprochen glückliche Ehe, einfach ganz normal so. Ich finde das toll, das war mir noch gar nicht so klar vorher.

Ich hab mich sehr verändert durch die Ehe. Ich hab mich positiv entwickelt. Mir hat vorher viel gefehlt, das habe ich aber gar nicht gewußt. Das wird mir durch dieses Gespräch erst klar. Das tut mir gut. Du dagegen bist so geblieben, wie du immer warst. Du warst schon ganz früh eine Persönlichkeit. Und genau das hat mir geholfen, mich zu entwickeln. Und daß du nicht gemeckert hast, du hast einfach in Ruhe deinen Stil gelebt, in vielem warst du mir ein Vorbild.

Er: Ach wie schön, das wußte ich gar nicht, jetzt krieg *ich* ein Lob! Ja ... und was so lange gut ging, muß ja richtig sein.

Was dieses Paar zusammenhält

Hier leben zwei ausgesprochen unterschiedlich strukturierte Menschen eine sehr zufriedene Ehe. Das geht deshalb so gut, weil sich das Paar in seiner Verschiedenheit akzeptiert. Niemand versucht, den anderen nach seinem Wunschbild zu verändern.

Unterschiedliche Wünsche – z.B. nach mehr Kommunikation –, gemeinsame Arbeit in der eigenen Firma und das von der Ehefrau mit aufgegriffene Engagement im Sport. So kann das Paar trotz vieler persönlicher Unterschiede intensive Gemeinsamkeit leben.

Was der Partnerschaft Dauer verleiht

Miteinander reden bringt Nähe

Auch wenn es ein wenig simpel klingen mag: Der Grundstein jeder guten Beziehung heißt miteinander reden. Natürlich bedeutet das nicht nur, sich im Alltag auszutauschen. Genauso wichtig – oder in Krisenzeiten noch viel wichtiger – ist es, über die Beziehung selbst zu reden.

Sind beide frisch verliebt, braucht es nicht viel Worte. Tiefe Blicke, vielsagende Gesten, zärtliche Berührungen, die allgegenwärtige erotische Anziehung und die Begegnung in der Sexualität sprechen eine Sprache, die beide wortlos erfühlen, verstehen und genießen. Wenn es doch nur so bliebe!

In der Zeit nach dem Schmetterlingsrausch, wenn die verklärenden Schleier gefallen sind, werden Worte immer wichtiger – das erste Prinzip heißt also, miteinander reden. Da aber nicht jede/r die sogenannten Ich-Botschaften beherrscht und sich vieles auch gar nicht so klar ausdrücken läßt – vor allem dann nicht, wenn man eh schon geladen ist –, zeigt es sich immer wieder, daß richtiges Zuhören und Nachfragen genauso wichtig sind wie das Reden. Gesprächserfahrene Paare stellen einander in kritischen Situationen immer einmal wieder die Frage: Wie genau meinst du das jetzt? Auf diese Weise erfahren sie oft mehr als im langen Hin und Her eines scheinbaren Meinungsaustauschs.

Paare, die in langjährigen Beziehungen leben, scheuen sich auch nicht, heiße Eisen anzusprechen. Dazu braucht es drei Voraussetzungen: 1. den für beide richtigen Zeitpunkt und zeitlichen Freiraum, 2. die Sicherheit, daß Verletzungen (ohne die es auch in einer guten Beziehung nicht geht) nicht zum Ende der Partnerschaft führen müssen und 3. die Bereitschaft zu verzeihen.

Ein weiterer wichtiger Punkt in der Paarkommunikation ist der Umgang mit Wünschen. Paare, die sich klar sagen können, was sie sich voneinander wünschen, was sie voneinander brauchen, bekommen eher, was für sie wichtig ist. Andererseits können sie mit einem klaren Nein besser umgehen als mit der ständigen vorwurfsvollen Hoffnung, der/die andere möge doch endlich das Unausgesprochene erahnen.

Was Sie selber tun können
Bauen Sie keine Tabus auf! Sollten sich in Ihre Beziehung doch schon welche eingeschlichen haben, machen Sie sich daran, sie abzubauen. Überlegen Sie sich einmal in Ruhe, welche Themen Sie schon lange vor sich herschieben. Fassen Sie sich ein Herz! Kündigen Sie das Gespräch als etwas an, das Sie schon lange bewegt und das Ihnen sehr wichtig ist. Packen Sie es an!

Gemeinsame Interessen schaffen Zusammengehörigkeitsgefühl

Alle Paare unserer Untersuchung, die in einem innigen Zusammenhalt leben, haben wesentliche gemeinsame Interessen entwickelt und pflegen diese ganz bewußt. Das gemeinsame Sich-Vertiefen in ein Sachgebiet erzwingt geradezu einen intensiven Austausch. Dadurch lernen sich beide in Facetten ihres Wesens kennen, die im Alltag vielleicht gar nicht zum Vorschein gekommen wären. Die Beziehung wird bereichert.

Das gemeinsame Erleben von Freude, Lust und Erfolg, aber auch von Enttäuschung und Frust kann das „Wir-Gefühl" sehr stärken. So entsteht immer wieder der Eindruck, zu zweit an einem roten Faden durch die Beziehung zu weben. Aus solchen roten Fäden entsteht dann leicht ein tragfähiges Netz. Und noch etwas: Langeweile kommt in einer solchen Beziehung nicht so leicht auf!

Was Sie selber tun können
Warten Sie nicht länger, bis Ihr Partner oder Ihre Partnerin einen Vorschlag macht – vor allem, wenn Sie eh schon „immer"

darauf warten. Suchen Sie unter Ihren eigenen Interessen solche aus, die ihm oder ihr auch gefallen könnten, und machen Sie einen Vorschlag, genau das gemeinsam auszuprobieren. Natürlich können Sie sich auch mit Ihrem Gegenüber zusammensetzen und gemeinsam etwas herausfinden – und hüten Sie sich vor Ausreden! Gerade wenn Sie wenig Erfahrung mit wirklich gemeinsamen Aktivitäten haben oder wenn es so scheint, als wäre alle Zeit bereits verplant, wird es höchste Zeit, das Zusammengehörigkeitsgefühl zu stärken. Es lohnt sich.

Getrennte Interessen fördern die Individualität

Eheleute oder Paare, in denen beide neben aller Gemeinsamkeit auch eigenen Interessen nachgehen, wirken besonders lebendig. Sie sind füreinander anregend und sind auch als Einzelpersonen für andere interessant. Sie wirken als vollständige Individuen, auch wenn sie ohne ihre sogenannte bessere Hälfte auftreten.

Wenn jede/r sich zeitweise in einer eigenen Interessenwelt aufhält, kann immer wieder Unbekanntes in die Beziehung eingebracht werden – vorausgesetzt natürlich, die Eigenaktivitäten und das Neue werden als Bereicherung und nicht als Bedrohung für die Zweisamkeit erlebt.

Für Mann und Frau kann es sich stützend auf die Individualität auswirken, auf einem Gebiet persönliche Kompetenz zu erringen und sich mit dieser Kompetenz in der Beziehung zu zeigen. Mit einem starken Gefühl persönlicher Identität läßt sich auch ein starkes Wir-Gefühl aufbauen – beide sind so unabhängiger voneinander und können aus der selbstgewählten vorübergehenden Distanz immer wieder aufeinander zugehen.

Was Sie selber tun können
Nehmen Sie sich Zeit, einmal in Ruhe über sich nachzudenken. Wenn dann in Ihnen Sätze auftauchen, die mit „eigentlich wollte ich immer schon mal ..." anfangen, sind Sie auf

der richtigen Spur. Was hat Sie denn bisher gehemmt, diesen Plänen nachzugehen? Gehen Sie davon aus, daß jetzt der genau passende Zeitpunkt ist, etwas Neues, Eigenes anzufangen. Legen Sie dann gleich den ersten Schritt fest. Besprechen Sie Ihren Plan mit Ihrem Partner oder Ihrer Partnerin – aber nicht als eine Frage um Erlaubnis, sondern als etwas, was Sie jetzt endlich in die Tat umsetzen werden. So kommt etwas frischer Wind in Ihren Beziehungsalltag.

Die Vergangenheit abschließen stellt die Weichen neu

Wenn ein Paar beschließt, zusammenzubleiben, sind einige grundsätzliche Überlegungen fällig: Wie gehen die beiden z. B. mit ihren ehemaligen Partnern und Partnerinnen um? Wie geht das Paar damit um, wenn solche alte Freundschaften bestehen, die erinnern oder gar kränken?

Hier hat es sich bewährt, einen Schlußstrich zu ziehen. Alte Freunde und Freundinnen sind willkommen, ehemalige Liebespartner nur nach gründlicher Absprache. Einen wirklichen Neuanfang kann man im Leben nie machen, schließlich prägt uns ja unsere Vergangenheit. Es ist aber möglich, einen Neuanfang zu erleichtern. Die Erfahrung unserer Paare spricht für einen klaren Abschied.

Was Sie selber tun können
Am besten besprechen Sie gemeinsam, ob noch irgendwelche Verflossenen als „Altlast" durch Ihre Beziehungen geistern. Wägen Sie sorgfältig ab zwischen der Verletzung, die Ihr Partner oder Ihre Partnerin erleben könnte und dem persönlichen Interesse an der Fortführung der alten Beziehung. Sprechen Sie offen miteinander darüber und geben Sie Rückmeldung, wenn Sie Abschied genommen haben. Sollten Sie keinen Abschied nehmen wollen, drücken Sie so klar wie möglich aus, wieso Sie noch Interesse an der alten Beziehung haben. Transparenz verhindert Mißtrauen!

Persönliche Freundschaften entlasten die Beziehung

Er hat einen engen Freund, sie hat eine enge Freundin – und trotzdem ist die Paarbeziehung vertraut und lebendig. Vielleicht gerade deswegen!

Vor allem Frauen, die ja meist eine gute Freundin haben, wissen sich durch gleichgeschlechtliche Gespräche zu entlasten. Ein Mann, der ganz anders sozialisiert wurde, kann sich nie so in ein weibliches Wesen hineinversetzen wie eine andere Frau. Viele Dinge, die ihm unwichtig erscheinen, kann die Freundin aus ihrer persönlichen Erfahrung als Frau verstehen.

Auch Männern tut es gut, Ihre Freundschaften zu anderen Männern zu bewahren und zu pflegen, obwohl viele von ihnen meinen, daß Frauen sie besser verstehen. Es gibt Probleme, Sorgen und Ängste, bei denen das offene Gespräch mit dem guten Freund eine größere Hilfe ist als das mit der Partnerin – vor allem dann, wenn der Mann seine innersten Gedanken und tiefsten Gefühle mitteilen kann.

Was Sie selber tun können
Als Frau: Genießen und pflegen Sie Ihre Frauenfreundschaften, auch wenn sich bei Ihrem Partner Eifersucht regen sollte, die Sie aber auch nicht gerade herausfordern sollten. Er kann und muß Ihnen nicht *alles* geben, kann Ihnen nicht die Freundin ersetzen.

Als Mann: Suchen Sie eine enge Männerfreundschaft, wenn Sie keine mehr haben. Das nützt Ihnen und Ihrer Beziehung. Lernen Sie, Ihre Gefühle zu zeigen, falls Sie es im rauhen Alltag der Männergesellschaft verlernt haben, und auch über persönliche Dinge reden.

Einander achten stärkt die Stärken

Paare, die in langjährigen Beziehungen leben und sich miteinander wohl fühlen, strahlen eine Haltung von Achtung und

Respekt voreinander aus. Nie würden sie in Gegenwart Dritter in irgendeiner Weise negativ voneinander sprechen. Dieses Klima gegenseitigen Wohlwollens stärkt auf beiden Seiten die positiven Anlagen

Was Sie selber tun können
Wenn Sie hier das Gefühl haben, Sie würden gern etwas mehr Achtung für Ihren Partner oder Ihre Partnerin entwickeln, so wäre es günstig, den gegenwärtigen inneren Monolog anzuhören. Wie sprechen Sie mit Ihrer inneren Stimme über ihn oder sie? Woran erinnert Sie das? Dann könnten Sie einmal nachprüfen, ob Sie eventuell alte Geschichten aus Ihrer Herkunftsfamilie aufwärmen.

Dann schauen Sie sich Ihren Partner oder Ihre Partnerin noch einmal genau an, machen Sie sich bewußt, welche positiven Eigenschaften Sie lange nicht mehr bemerkt haben. Atmen Sie tief, und stellen Sie sich ganz auf diese Eigenschaften ein. So kann die Achtung wieder wachsen. Sie werden ihn/sie mit anderen Augen sehen, und Ihr Blick kann so eine stärkende Wirkung haben. Es kann auch sehr gut tun, ein Gespräch über die positiven Seiten der Beziehung zu führen.

Gemeinsam lachen schwächt die Schwächen

Paare, die miteinander lachen können, nehmen vielen Problemen die Spitze. Sie trauen sich, Situationskomik aufkommen zu lassen und bringen es auch fertig, über sich selbst zu lachen. Humor ist ein Jungbrunnen für jede Beziehung.

Was Sie selber tun können
Sprechen Sie doch aus, was Sie manchmal an Komischem auf den Lippen haben. Gehen Sie in einen „blöden" Film, auch wenn Sie vielleicht meinen, das sei nicht Ihr Niveau. – Können Sie sich daran erinnern, worüber Sie in Ihrer Anfangszeit gelacht haben?

Fair streiten fördert Wachstum

Viele Paare, die gut und lange miteinander leben, haben sich einen sicheren Streitraum geschaffen: Sie halten es aus, unterschiedliche Meinungen vehement zu vertreten und grundsätzliche Unterschiede in Haltung und Meinung auszufechten.

In einem fairen Streit geht es nicht darum, wer recht behält, sondern darum, die gegenseitigen Standpunkte zu beleuchten, eventuell zu bewerten, sie aber auf jeden Fall zu vergleichen. Kommt man nicht zu einer Einigung – und das muß auch gar nicht immer sein – reicht es, die jeweils unterschiedliche Meinung als eben solche stehen zu lassen und zu akzeptieren.

Nach einem guten Streit braucht man sich manchmal gar nicht zu versöhnen, weil sich die Entspannung schon im Gespräch ergibt. Ist das nicht so, sollten Mann und Frau sich ruhig einmal trauen, schlechte Laune zu behalten, bis sich die Versöhnung anbahnt. Später kann es dann sehr wohltuend sein, den ersten Schritt zu tun.

Was Sie selber tun können
Wagen Sie zu streiten! Sollten Sie allerdings die Erfahrung machen, daß Ihre Streitgespräche meist böse ausgehen, dann scheuen Sie sich nicht, fachliche Hilfe anzunehmen. Das gleiche kann auch für Paare gelten, die Meinungsverschiedenheiten grundsätzlich unter den Teppich kehren. Suchen Sie sich Unterstützung, bevor der zusammengekehrte Unmut zum Stolperstein wird. Fair streiten kann man lernen!

Rituale pflegen fördert Kontinuität

Bewußte Paare entwickeln im Laufe ihrer Beziehung wohltuende Rituale. Sie feiern z. B. Jahrestage mit der gleichen Musik wie „damals", schenken einander Blumen, fahren einmal wieder ins gleiche Hotel, in dem sie Schönes erlebt haben. Wenn solche Rituale mit Herz (und nicht mit Routine!) gefeiert werden, stärken sie das Gefühl für die Kontinuität der Beziehung, setzen Meilensteine und würdigen das Gewesene, indem sie es neu aufleben lassen.

Was Sie selber tun können
Sollten Sie in Ihrer Beziehung keine Rituale haben, so können Sie gleich damit anfangen, welche zu schaffen. Wann haben Sie ihn/sie zum letzten Mal in ein luxuriöses Restaurant eingeladen? Sie können auch eine Alltagshandlung wie ein Essen daheim rituell gestalten, indem Sie z. B. einen Rollentausch machen oder einander wie wirkliche Gäste behandeln. Lassen Sie sich etwas einfallen, und bringen Sie einander zum Staunen.

Kontinuität entsteht durch Abwechslung und Wiederholung.

Abgrenzung ermöglicht neue Nähe

Wenn Paare lange zusammenleben und zulassen, daß sich ihre Bedürfnisse nach Nähe und Distanz nicht in gleicher Weise entwickeln, dann wird es Zeit, an der Wohnsituation etwas zu verändern. Bei unseren Paaren war es häufig die Frau, die sich nach langen Ehejahren endlich ein eigenes Zimmer eingerichtet hat, die Frau ist es meist, die mehr und mehr ihre Ruhe braucht und sich zurückziehen möchte. Wenn es dem Partner dann gelingt, diesen Rückzug nicht als gegen sich gerichtet zu sehen, können bald beide von der neuen Situation profitieren. Die Frau ist dann nicht mehr diejenige, die „einfach da" ist. Der Mann muß anklopfen, wenn er zu ihr möchte, er muß sie und ihren Raum neu würdigen. So wird über die gelebte Distanz eine neue Nähe möglich.

Was Sie selber tun können
Wenn Sie glauben, daß auch Ihnen mehr Distanz letztendlich wieder mehr Nähe bringen könnte, räumen Sie Ihre Wohnung radikal um, oder planen Sie einen Umzug, siehe auch Kapitel „Neues entdecken ..."!

Neues entdecken weckt die Lebendigkeit

Paare, die Neues miteinander wagen, stellen sich ungewohnten Herausforderungen. Neue Herausforderungen bringen „Leben in die Bude" und wirken jeglicher Stagnation entgegen. Bei einem Orts-, Stellen- oder Berufswechsel, bei der Auseinandersetzung mit einem neuen Hobby, bei der Beschäftigung mit einem neuen Erziehungsmodell weht unweigerlich neuer Wind durch die Paargewohnheiten. Frischer Wind macht lebendig!

Was Sie selber tun können
Gehen Sie zu den Überlegungen über eigene und gemeinsame Interessen und suchen Sie sich etwas Neues, vielleicht etwas Verrücktes aus!

Einander berühren schafft Vertrauen

Eine Ehefrau in unserer Befragung prägte den Ausdruck „Körperliebe". Diese Art der Liebe bedeutet die Lust und die Freude an der gegenseitigen körperlichen Berührung. Paare, die lange und gut zusammenleben, kennen dieses Gefühl. Es ist etwas Grundlegendes, etwas das trägt, auch wenn die eigentliche Sexualität im Lauf der Jahre an Intensität verliert. Körperliebe bedeutet, gern Arm in Arm zu gehen, sich zu kuscheln, sich einander körperlich anzuvertrauen. Körperliebe geht auch über den Geruchssinn, denn langjährige Paare können sich auch dann riechen, wenn sie sich mal nicht so gut ausstehen können.

Was Sie selber tun können
Nehmen Sie sich Zeit, planen Sie wirklich Zeit ein! Das ist eine der wichtigsten Voraussetzungen zum Wiederbeleben der Zärtlichkeit. Gehen Sie wieder öfter Arm in Arm, begrüßen Sie einander mit einer Umarmung, genauso, wie sie es am Beginn Ihrer Beziehung getan haben, gemeinsam baden, einander massieren, lassen Sie das Spielerische wieder zu.

Paare, die sich oft berühren, sind übrigens auch gesünder. Wird die Haut, das größte Organ unseres Körpers, durch wohltuende Berührung stimuliert, blüht die Seele auf, und das Immunsystem wird gestärkt.

Gemeinsame Verantwortung macht krisenfest

Paare, die es gewohnt sind, Verantwortung miteinander zu tragen, beweisen sich in den Stürmen des Beziehungslebens als krisenfest.

Gemeinsam Verantwortung zu tragen, kann viele Gesichter haben. Einmal kann es heißen, zusammen etwas zu planen und die Hürden, sie sich auf dem Weg zum angestrebten Ziel zeigen, miteinander zu nehmen. Das können kleinere Vorhaben sein wie ein Familienfest, ein selbst geplanter Urlaub, eine Sylvester-Einladung.

Verantwortung tragen kann aber auch heißen, gemeinsam eine Antwort auf eine große Herausforderung des Lebens zu geben.

Das kann z. B. die Geburt eines (ungeplanten) Kindes, Tod oder schwere Krankheit, der Verlust des Arbeitsplatzes oder ein Hausbau unter schwierigen finanziellen Verhältnissen sein. Wenn solche Krisen durchgestanden sind, wächst die Zuversicht, auch künftige Schwierigkeiten gut zu bewältigen.

Was Sie selber tun können
Tauschen Sie sich in schwierigen Situationen mehr aus. Wagen Sie es vor allem, Ihrem Partner oder Ihrer Partnerin Ihre Sorgen, Ängste und Befürchtungen mitzuteilen. Vor allem schwerwiegende Entscheidungen sollte man nicht im stillen Kämmerlein treffen. Wenn Sie einander vertrauen und sich gegenseitig wirklich einbinden, entwickeln Sie mehr Kraft zur Krisenbewältigung.

Hier sind dann eins plus eins nicht zwei, sondern viel, viel mehr!

Helga Hammerschmidt

Der Weg zum Glück
aus wissenschaftlicher Sicht

Wir erleben erfüllte Liebe als Quelle höchsten Glücks. Ist Liebe aber auch ein Glücksfall, etwas was uns völlig überraschend zufällt, ein Zufall also? Wie es in dem Gedicht von Joachim Ringelnatz heißt „... und auf einmal steht es neben dir ..."? Gewiß, diese unbeschreibliche Erfahrung haben wir ja alle schon gemacht! Aber können wir es auch festhalten, das Liebesglück, wenn es uns begegnet ist? Wenn wir uns umsehen, wird klar, daß es so einfach nicht zu sein scheint. Dennoch gibt es Paare, die das Kunststück fertigbringen. Die Kunst, die Liebe zu leben, zu bewahren, weiterzugeben, trotz zeitweiliger Schwierigkeiten nicht zu resignieren, kann man das lernen? Ist Liebe also ein Glücksfall, eine Lebenskunst oder beides?

Ich habe mit sieben KollegInnen in acht unterschiedlichen Kulturen 600 Langzeitehen untersucht. Außer Deutschland haben sich USA, Israel, die Niederlande, Südafrika, Schweden, Chile und Kanada an der Studie beteiligt. Unsere Absicht war, zu ergründen „was Ehen zusammenhält" und „was Ehen glücklich macht". Das heißt, wir wollten herausfinden, welche Aufgaben erfüllt sein und welche Beziehungsfähigkeiten vorhanden sein müssen, um das Ziel „Ehezufriedenheit" zu erreichen.

Die Befragung wurde anonym durchgeführt und die Partner aufgefordert, die Fragebögen für sich alleine auszufüllen.

Mein zusammenfassender Bericht dieser wissenschaftlichen Erhebung ist als Ergänzung gedacht zu den Fallschilderungen von Marion Weber und Richard Lawall, in denen sehr lebendig und anschaulich am individuellen Beispiel vorgeführt wird, was Paare zusammenhält und was ihnen Schwierigkeiten und Probleme macht.

In wissenschaftlichen Untersuchungen mit vielen Paaren werden einige wesentliche Fragen in den Mittelpunkt gestellt, um herauszufinden, was sich häufig bewährt hat oder zum Scheitern führt. Der Lebenszusammenhang von Einzelschicksalen rückt dabei in den Hintergrund, um allgemeinere Antworten auf zentrale Fragen zu finden. Das bedeutet, daß sich in den Forschungsergebnissen durchschnittliche Erfahrungen widerspiegeln. Da es sich aber bei jedem Paar um eine vielschichtige Interaktion von zwei Individuen handelt, die unter verschiedenen Umweltbedingungen ihr Leben meistern, möchten wir mit diesem Buch versuchen, beide Sichtweisen zu verbinden, die wissenschaftliche und die individuelle. Wenn ich von Frauen oder Männern spreche, meine ich etwas, das für eine Mehrheit zutrifft, aber nicht unbedingt für jeden einzelnen. Bevor ich über einige Ergebnisse der Acht-Länder-Studie und weiterer Untersuchungen zu Ehestabilität und -zufriedenheit berichte, möchte ich zuerst das Phänomen „Liebe" auf diesem Hintergrund etwas allgemeiner beleuchten. Dabei ist mir bewußt, daß das eigentliche Geheimnis der Liebe letztlich unergründlich ist.

Was ist Liebe?

Vielleicht denken Sie, daß es gar nicht so wichtig ist zu wissen, was in diesem wundervollen Zustand alles verborgen ist. Solange wir von diesem Glücksgefühl erfüllt sind, sehen wir keine Notwendigkeit, nach einer Erklärung zu suchen. Das ist verständlich. Dennoch gibt es einige wesentliche Gründe, sich zu bemühen, die Natur der Liebe besser zu verstehen. Mit Hilfe eines allgemeinen Grundwissens kann man die eigenen Erfahrungen besser einordnen. Was immer es sein mag, was uns lieb und teuer ist, was man lenken, festhalten und pflegen möchte, man muß es vom Wesen her erfassen können, um es vor Schaden zu bewahren. Nur auf diese Weise kann man Mißverständnissen und Enttäuschungen zumindest teilweise vorbeugen.

Erotische Liebe ist eine intensive emotionale – spirituelle – sexuelle Beziehung von Frau und Mann, die auf großer gegenseitiger Wertschätzung beruht. Das bedeutet, daß diese Liebe

den ganzen Menschen erfaßt. Obgleich verschiedene Erlebnisebenen angesprochen sind, handelt es sich dennoch um ein
ganzheitliches Geschehen. In der erotischen Liebe vollzieht
sich eine Integration von Seele und Körper. Zum besseren Verstehen aber ist es erforderlich, diese Erlebnisebenen, die wir als
Dimensionen der Liebe[1] bezeichnen, einzeln zu betrachten.

Physische Anziehung kommt nicht selten zuerst ins Spiel.
Sie kann sich dann schnell zur Dimension „Leidenschaft"
entwickeln. Obwohl die sexuelle Beziehung hier eine zentrale
Rolle spielt, so gehören doch noch weitere Grundbedürfnisse
dazu wie:

das Streben   nach Zweisamkeit und Wertschätzung
              nach Selbstverwirklichung
              nach Dominanz.

So plötzlich Leidenschaft entflammt, sie ist die am wenigsten
beständige Seite der Liebe. Wenn auch die physische Anziehung mit der Zeit nachläßt, so heißt dies nicht, daß sie im
Verlauf einer längeren Beziehung ein für allemal unwieder-
bringlich verschwindet.

Im Gegensatz zu dieser eher unsteten Seite der Liebe steht
der Verlauf der Dimension „Nähe – Intimität." Man versteht
darunter emotionale Verbundenheit und das Gefühl von Zusammengehörigkeit. Nähe und Intimität entwickeln sich
zwar langsam, aber beständig. Wenn die Liebe auf Dauer eine
Chance haben soll, muß mit dem Nachlassen der Leidenschaft die Verbindung im Gefühl zur tragfähigen Basis werden. Während Leidenschaft spontan kommt, aber vielleicht
auch schwindet, muß man Intimität bewußt aufbauen und
pflegen. Dies geschieht durch den Austausch von Gefühlen
und Erfahrungen, den wir in dieser tiefgehenden Weise nur in
der Liebe wagen können. Die Selbstöffnung setzt das Vertrauen voraus, vom Partner in dieser großen Offenheit verstanden und angenommen zu werden. So erleben wir die ein-
zigartige Chance, uns mit den Augen des anderen zu sehen.
„Einander suchen und sich gegenseitig erklären, fördert die

Selbsterkenntnis und die Selbstwerdung in der Liebe."[2] Dieser intensive Kontakt ist deshalb so schwierig, weil wir unweigerlich auch mit unseren Ängsten und wunden Punkten in Berührung kommen. Es muß ein behutsamer Prozeß sein, der auch im Idealfall nicht bis ins Innerste gelangen kann. Doch sollten gegenseitiges Vertrauen und Interesse so wach bleiben, daß dieser Weg zueinander nicht versandet. Wesentlich ist, daß wir uns von Anfang an aufmerksam, einfühlend und unterstützend einander zuwenden.

Auch die geistige Begegnungsebene hat verschiedene Aspekte. Aus dem Wunsch, die Beziehung fortzusetzen, ergibt sich die Konsequenz, sich darum zu bemühen. Und damit sind wir bei der dritten Dimension der Liebe angelangt: „Bindung". Das heißt Bereitschaft zur Dauer, sich bewußt werden, daß man den anderen so liebt, daß man mit ihm zusammenbleiben will in guten wie in schweren Tagen. Um einem Mißverständnis vorzubeugen, Bindung bedeutet nicht, eine hoffnungslos zerrüttete Ehe aufrechtzuerhalten. Ein liebloser, dogmatischer Bindungsanspruch kann zur wahren Hölle werden, in der die Partner ersticken.

Von Paaren, die lange Zeit zusammen sind, wissen wir, daß es eine Beziehung ohne Auf und Ab nicht gibt. Die individuelle Entwicklung jedes Partners und die Belastungen des Alltags bringen Spannungen mit sich. Probleme müssen bewältigt werden. Die Überzeugung und der Wille zusammenzubleiben sind die Voraussetzung, um Schwierigkeiten zu meistern. Viele erzählen, daß ihre Liebe noch tiefer geworden ist, nachdem sie Krisen durchgestanden hatten. Das erfordert Fairneß und Geduld im Umgang miteinander. Die Intensität der Liebe kann schon bei Beginn der Beziehung spürbar sein. Die Tiefe der Liebe wird jedoch durch die Dauer der Beziehung erst möglich. Tiefe kann man aber nicht mit Leichtigkeit erreichen, sondern nur durch ständiges beiderseitiges Bemühen. Das entspricht allerdings nicht unserem Zeitgeist.

Stärkere Ichbezogenheit, Mangel an Geduld und ungenügende Konfliktfähigkeit bei wachsenden Ansprüchen behindern das Gelingen.

Da die drei Dimensionen der Liebe: Leidenschaft, Nähe-Intimität sowie Bindung bei jedem Menschen unterschiedlich stark ausgeprägt sind und sich im Laufe der Zeit verändern, entstehen verschiedene Arten der Liebe. Wir sprechen z. B. von erotischer Liebe, wenn Intimität und Leidenschaft vorherrschen. Wenn Leidenschaft noch stärkere Bedeutung hat als Intimität, dann ist es leidenschaftliche Liebe. Bei kameradschaftlicher Liebe stehen die emotionale und geistige Verbundenheit im Vordergrund, während Leidenschaft eine geringere Rolle spielt.

Immer handelt es sich jedoch um ein ganzheitliches Geschehen, in dem jede der drei Dimension ihren Stellenwert hat. Daß sich die Liebe im Laufe der Jahre verändert, ist ganz natürlich. Entscheidend ist, daß die Bedürfnisse beider Partner immer wieder in Einklang gebracht werden.

Aber die Liebe wird nicht allein durch die Intensität der drei Grunddimensionen bestimmt. Persönlichkeitsmerkmale geben der Liebe zusätzlich eine spezielle Prägung.

In Untersuchungen konnten sechs verschiedene Liebesstile[3] beobachtet werden:

– Die erotische Liebe beginnt immer mit starker physischer Anziehung. Die erotische Attraktivität beruht jedoch nicht allein auf sexueller Anziehung, sondern auch auf bestimmten begehrenswerten Persönlichkeitsmerkmalen. Wenn die „Liebe auf den ersten Blick" kein Strohfeuer ist und es den Partnern gelingt, Vertrautheit auf emotionaler und geistiger Ebene zu schaffen, kann diese Beziehung sehr beständig sein. Man hat beobachtet, daß die erotischen Partnerschaften mit ihrer sinnlichen Lebensfreude die glücklichsten sind – unabhängig von der Dauer der Beziehung und vom Alter.

– Kameradschaftliche Liebe erwächst häufig aus einer engen Freundschaft auf der Basis ähnlicher Einstellungen und Interessen. Die Partner kennen sich meist schon gut, wenn ihre Liebesbeziehung beginnt. Die Gefühle sind weniger intensiv.

– Die betont leidenschaftliche Liebe ist besitzergreifend. Die Leidenschaft ist ichbezogen und der Besitzanspruch mit intensiven Gefühlen verbunden. Dabei neigt der Liebende mit dieser Veranlagung zu Zweifel und Eifersucht.

– Die pragmatische Liebe ist dagegen kaum leidenschaftlich. Sie ist vor allem durch Vernunft bestimmt. Das Verbindende sind gleiche Ziele und praktische Erwägungen. Gefühle haben weniger Bedeutung.

– In der altruistischen Liebe ist das eigene Tun betont auf das Wohl des anderen ausgerichtet. Geben bedeutet für diese Menschen Freude und Bereicherung, nicht Opfer. Wenn beide Partner nach dieser Einstellung leben, ist die Beziehung durch liebevolle Fürsorge und gute Kommunikation gekennzeichnet.

– Die spielerische Liebe ist in unserem Sinn keine Liebe, da diese Menschen Gefühle nicht ernst nehmen und sich nicht binden möchten. Verführung und sexuelle Abenteuer sind typisch. Wenn einer der Partner diese Neigung hat, ist die Beziehung meist sehr unglücklich.

Die größte Übereinstimmung der Partner in ihrer Einstellung zur Liebe findet man bei erotischen, altruistischen und pragmatischen Partnerschaften. Wie bereits erwähnt, sind die erotischen Beziehungen die glücklichsten. Doch auch die Paare, die sich in liebevoller gegenseitiger Fürsorge zugetan sind, erleben Glück und Zufriedenheit.

Meist ist es eine Mischung aus verschiedenen Einstellungen zur Liebe, die den persönlichen Liebesstil ausmacht. Von dieser Mischung hängt es auch ab, wie zwei, die sich lieben, zusammenpassen.

Glückskinder

Wie steht es mit unserer Liebesfähigkeit? Gehören wir zu den Glückskindern, denen diese Kunst sozusagen in die Wiege gelegt wurde? In Untersuchungen wurde festgestellt, daß die Bindungsmuster[4] in den Liebesbeziehungen Erwachsener ihren Bindungssituationen im Kleinkindalter entsprechen.

Die drei beobachteten Grundtypen unterscheiden sich im Erleben und Verhalten ihrer Partnerbeziehung.

Sicher gebundene Personen, die im Kleinkindalter die Erfahrung gemacht haben, in zuverlässiger, stabiler Beziehung sicher eingebunden zu sein, sind emotional ausgeglichen und haben mehr Vertrauen zu ihrem Partner. Sie finden leicht die gewünschte Nähe und sind im Durchschnitt glücklicher in ihrer Beziehung.

Ängstlich ambivalente Personen, die in früher Kindheit wechselhaft unbeständige Zuwendung erfuhren, neigen zu extremen Gefühlen. Sie sind sexuell anziehend, verlieben sich schnell und sehnen sich nach intensivem Austausch. Eifersucht kommt bei ihnen häufiger vor.

Vermeidende Personen wurden im Kindesalter häufig zurückgewiesen. Sie verlieben sich nicht leicht, sind eher kühl und abweisend. Es ist schwer für sie, die große Liebe und Glück in der Beziehung zu finden.

Im allgemeinen sind die Übergänge zwischen diesen drei Grundtypen fließend.

Die Statistik zeigt, daß Paare, deren Eltern geschieden sind, ein höheres Risiko haben, mit ihrer eigenen Partnerbeziehung zu scheitern.

In unserer Untersuchung über Langzeitehen haben wir festgestellt, daß die meisten Paare, die zusammenbleiben, in stabilen Familien aufgewachsen sind. Wie wir wissen, sind jedoch nicht alle stabilen Ehen glücklich. Wir konnten beobachten, daß Frauen, die eine glückliche Kindheit hatten, bessere Chancen haben, eine glückliche Ehe zu führen. Bei den Männern zeigt sich, daß eine entspannte Beziehung zu ihren Müttern vor der Ehe eine gute Voraussetzung für ihre spätere Partnerbeziehung ist. Zweifellos wird unter günstigen Bedingungen in der Kindheit ein stabiles Vertrauen begründet, welches eine grundlegende Voraussetzung für jede spätere intime Beziehung bildet. Doch nicht nur die vorgelebten Verhaltensmuster und Wertvorstellungen beeinflußen häufig lebenslang unsere Beziehungsmuster. „Nichts wirkt seelisch stärker auf die Kinder als das ungelebte Leben der Eltern."[5] Das Kleinkind fühlt sich zunächst noch psychisch mit der Mutter verbunden. Erst allmählich, etwa bis zum Ende des dritten Lebensjahrs, wird es sich seiner selbst als Individuum bewußt. Gleichzeitig entwickelt es ein differenziertes Gefühlsleben. Da das Kind in das seelisch-geistige Klima der Eltern eingebunden ist, leidet es zwangsläufig an einer bedrückenden Atmosphäre der Eltern mit. „Versteckte Disharmonie zwischen den Eltern, geheime Sorgen, verdrängte Wünsche sickern langsam in die Seele des Kindes, ihm selbst unbewußt, und erzeugen damit die gleichen Reaktionen auf die Reize der Umwelt."[6] Wir erleben es selbst als Erwachsene, wie sich Stimmungen, etwas was in der Luft liegt, auf uns übertragen. In der Eltern-Kind-Beziehung geschieht all dies in gravierender Weise. „Je weniger sich die Eltern der eigenen Problematik annehmen, desto mehr haben die Kinder das nicht gelebte Leben der Eltern zu tragen und das zwanghaft zu erfüllen, was diese verdrängt haben."[7] Diese Hinterlassenschaften, ebenso positive wie negative, sind tief in uns verwurzelt. Das übernommene Konflikt-Thema kann in unbewußter Weise bei der Partnerwahl mitwirken, um so die schmerzhafte Auseinandersetzung neu zu beleben. Solche Paare können weder miteinander auskommen noch ohne einander leben. Die Trennung vom Partner kann uns von diesem Konflikt nicht befreien. Allein wenn das dahinterliegende Problem erkannt und bearbeitet wird, läßt sich die Verstrickung lösen. Sonst wiederholt sich das Drama von neuem. Nur durch diese Auseinandersetzung wird der Weg zu einer erfüllten, unbelasteten Beziehung möglich. Durch gute Erfahrungen in einer Partnerschaft oder mit Hilfe eines kompetenten Therapeuten lassen sich Vorurteile korrigieren, Defizite aus der Kindheit ausgleichen und auch alte Wunden heilen.

Die Partnerwahl der Schlüssel zum Glück?

Heute ist es eine Selbstverständlichkeit, daß jeder seine eigene Wahl treffen kann. Wir haben die Chance, uns näher kennenzulernen und zu testen, ob die Voraussetzungen für eine Langzeitbeziehung gegeben sind. Auf die Errungenschaft dieser Freizügigkeit möchte niemand mehr verzichten. Aber sind wir bei all den Freiheiten, die wir genießen, glücklicher geworden? Sind wir all den Freiheiten gewachsen? Die Scheidungsquoten sprechen dagegen. Unsere Vorfahren hatten diese Wahlfreiheit nicht. Und dennoch hat es auch damals glückliche Ehen gegeben. Auch heute noch gibt es Kulturen, wo von den Eltern arrangierte Ehen üblich sind. Die Ergebnisse einer Untersuchung, die nach fünf Jahren die Ehezufriedenheit von arrangierten Ehen und „Liebesehen" verglich, müssen uns zu denken geben. Es stellte sich nämlich heraus, daß die durchschnittliche Ehequalität und -zufriedenheit annähernd gleich waren. Woran liegt es, daß die Liebesehe oft nicht hält, was wir davon erwarten?

Für die meisten Menschen ist eine enge Beziehung ein elementares Bedürfnis nach Bindung und Sicherheit. Die Wahl des „richtigen" Partners ist der erste wesentliche Schritt für eine langfristige erfüllende Partnerschaft. Da die Entscheidung weitreichende Konsequenzen haben kann, wäre es wichtig, die Kriterien für „richtig" und „falsch" zu kennen.

Ein Sprichwort sagt „Gegensätze ziehen sich an". Etwas, was einem selbst fremd ist, kann gerade deshalb geheimnisvoll sein. Oder man bewundert beim anderen, was man bei sich selbst vermißt. Hierin liegt auch die Chance einer positiven Spannung, die die Beziehung interessant und lebendig halten kann. Aber bei größeren Gegensätzen besteht die Gefahr, daß sich die beiden trotz ihrer Zuneigung nie „richtig begegnen" können: Weil eine unerfüllte Sehnsucht auf Dauer schwer auszuhalten ist, weil ihre Art zu lieben nicht zu seiner paßt.

Ein anderes Sprichwort sagt: „Gleich und gleich gesellt sich gern." Wie Untersuchungen zeigen, spielt Ähnlichkeit bereits bei der Partnerwahl eine wesentliche Rolle. Ausschlaggebend ist sie dennoch nicht. „Der zündende Funken der Liebe springt über, wenn zwei Partner von der Hoffnung erfüllt werden, miteinander und durcheinander in neue Lebensräume vorzustoßen, in welchen sie vieles , was sie in langem Warten ersehnten, verwirklichen können".[8]

Intuitiv wenden wir uns einem Partner zu, der uns im Selbstwertgefühl ebenbürtig ist. Auf den ersten Blick scheint das manchmal genau umgekehrt zu sein, etwa wenn sich ein „rettender Engel" von einem „Hilfesuchenden" angezogen fühlt. Da ein niedriges Selbstwertgefühl ein Streben nach Abhängigkeit und Bestätigung hervorruft, liegt die Anziehung in der beiderseitigen Schwäche, die sich erst offenbart, wenn der „hilflose Helfer" die Erwartungen nicht erfüllen kann. Sabine und Erich sind ein eindrucksvolles Beispiel, wie schmerzhaft eine solche Entwicklung verlaufen kann.

Bei glücklichen Ehen finden wir viele Ähnlichkeiten. Ähnlichkeit schafft eine gute gemeinsame Basis, man versteht sich, liegt auf gleicher Wellenlänge: Eine verläßliche gemeinsame Grundlage, zu der es beide immer wieder hinzieht, die Vertrautheit und Geborgenheit bietet. Doch muß auch Raum für eine persönliche Entwicklung bleiben. Unterschiedlichkeit kann der Beziehung immer wieder neue Impulse geben. Für die Pflege individueller Interessen muß Freiraum da sein. Jeder der beiden Partner schöpft daraus persönliche Zufriedenheit. Erst durch Eigenständigkeit kann Zuneigung zur Liebe werden. Ohne Eigenständigkeit kann nur Abhängigkeit entstehen. Unterschiedlichkeit ermöglicht, sich gegenseitig zu ergänzen und persönliche Schwachpunkte auszugleichen, sofern ein breites und tragfähiges Fundament vorhanden ist. Im Laufe des Zuammenlebens muß das Selbstwertgefühl immer wieder ausbalanciert werden, ebenso wie das richtige Verhältnis von Selbständigkeit und Verbundenheit.

Daß unbedachte oder halbherzige Entscheidungen bei der Partnerwahl wenig erfolgversprechend sind, ist nicht verwunderlich. Trifft man die Wahl in erster Linie, weil man sich von der Beziehung Vorteile verspricht, nicht aber weil man sich zur Person des Partners hingezogen fühlt, darf man sich nicht wundern, wenn sich anstelle von Glück bald Ernüchterung einstellt. Problematisch sind häufig auch Ehen, die unter Druck zustande gekommen sind. Doch gibt es auch Paare, die sich zusammenraufen.

Andere finden ihre persönliche Zufriedenheit, indem sie sich Freiraum schaffen. Die Frage ist, mit wieviel Kompromiß man auf Dauer leben kann und will?

Wenn die Fehlentscheidung nicht früher oder später zu einer Trennung führt, wird der gemeinsame Weg durch häufige Spannungen und viel Sehnsucht geprägt sein. Eine Hypothek, die dann die Kinder manchmal durch ihr ganzes Leben schleppen müssen.

Häufig erkennen objektive Außenstehende von Anfang an das Problematische einer Paarkonstellation. Wer immer sich aber dazu berufen fühlt, auf seine Befürchtung aufmerksam zu machen, sollte dies mit äußerster Behutsamkeit tun, um nicht das Gegenteil zu erreichen. Dies gilt insbesondere für Eltern, auch wenn sie es noch so gut meinen. Nichts schmiedet Verliebte mehr zusammen als der Widerstand ihrer Umwelt.

Die Antwort auf die Frage, wer zu wem paßt, ist wegen ihrer Komplexität nicht leicht zu beantworten. Da Einflüsse des Unbewußten immer mit im Spiel sind, sollten wir versuchen, seine Botschaften wahrzunehmen. Nicht selten ist es die „erste große Liebe", die in ihrer Unbefangenheit zum Guten führt: Glücksfall Liebe – oder die Weisheit des Unbewußten? Sich wirklich kennenlernen, braucht seine Zeit. Die Beziehung der Paare unserer Studie bestand im Durchschnitt 2,5 Jahre, bevor sie geheiratet haben.

Ich glaube, wenn die Partnerwahl aus ganzem Herzen und mit Bedacht getroffen wird, ist man dem Glück schon auf der Spur. Doch ist „zueinander passen kein Zustand, sondern ein laufender Prozeß. Das einander Suchen ist das eigentliche der Liebe und nicht das Finden."[9]

Die Liebe, ein Entwicklungsprozeß

Sich-Verlieben ist ein Spontanereignis. Beim Erhalt einer Liebe aber handelt es sich um einen gemeinsamen Wachstumsprozeß. Nach der euphorischen Phase des Verliebtseins, die durch gegenseitige Idealisierung geprägt ist, muß eine allmähliche Realitätsanpassung stattfinden. Erst wenn man die rosarote Brille abgelegt hat und auch die Schwächen des anderen wahrnimmt, ist man in der Lage zu entscheiden, ob man den Partner so annehmen kann. Damit beginnt das Ringen um die Erfüllung gegenseitiger Erwartungen. Das bedeutet, die begrenzten Möglichkeiten zu erkennen und gegenseitige Zugeständnisse zu machen.

Wenn die Liebenden die Wirklichkeit wahrnehmen, verliert die Liebe etwas von ihrer Verzauberung; aber nur auf diesem festen Fundament kann sie wachsen und bestehen. Das Ersehnte wird immer größer sein als das Mögliche. Dennoch ist die Sehnsucht so bedeutsam, da wir daraus die Energie schöpfen, uns voll einzusetzen, unserem Ideal näher zu kommen. Aber diese Gratwanderung ist nicht ungefährlich; Ansprüche zu übertreiben kann wie jede Überforderung zum Verhängnis werden.

Wir selbst sind unseres Glückes Schmied! Das Bewahren der Liebe darf man nicht dem Zufall überlassen. Es ist eine Kunst, die man lernen kann. Wenn der Zufall es will, bekommt man die Begabung in die Wiege gelegt. Als Erwachsene müssen wir uns selbst darum bemühen. Die Erwartung, daß der Partner dafür verantwortlich ist, uns glücklich zu machen, ist verhängnisvoll. So geschieht es oft, daß sich Mann und Frau allmählich voneinander zurückziehen und enttäuscht auf die liebevolle Zuwendung des anderen warten, bis die letzten Funken des Feuers erloschen sind. Liebe ist ein lebendiger Prozeß. Veränderung gehört dazu mit allen positiven und negativen Seiten. Während die romantischen Anteile in langjährigen Beziehungen abnehmen , können altruistische, kameradschaftliche und pragmatische Aspekte an Bedeutung gewinnen.

In unserer Acht-Länder-Studie wurde deutlich, welch außerordentliche Bedeutung der Liebe in der Langzeitehe zukommt. „Liebe" wurde am häufigsten als Motiv für Ehestabilität genannt. Darüber hinaus bekräftigten die weiteren Aussagen das klare Bekenntnis zur Liebe, indem die Bedeutung von Vertrauen und Verläßlichkeit, von Bindung, Verbundenheit, Verantwortung und Gemeinsamkeit zum Ausdruck kommt.

Für die Liebe im Alter ist die gemeinsame Geschichte als Paar bedeutsam. Emotionen werden in späteren Lebensphasen eher stärker, positive wie negative. Das emotionale Investment ist über lange Zeit aufeinander bezogen. Aus gemeinsam Erlebtem und Erreichtem erwächst Verbundenheit. Der Wunsch nach Nähe und Geborgenheit nimmt im Alter eher zu. Diese Nähe kann aber gerade im Alter auch sehr konfliktreich sein.

Die richtige Balance von Gemeinsamkeit und Individualität, von Nähe und Distanz, bei gegenseitiger Anerkennung von Gleichwertigkeit, muß jedes Paar immer wieder neu finden, da sich im Entwicklungsprozeß die Bedürfnisse und Bedingungen ändern. Von dieser beiderseitigen Bereitschaft und Fähigkeit hängt ganz wesentlich die Paarzufriedenheit ab. Entscheidend ist, daß man das unvermeidbare Auf und Ab des gemeinsamen Weges akzeptieren kann, ohne zu resignieren. Dann besteht auch die Chance, immer wieder miteinander glücklich zu werden.

Auf den folgenden Seiten werde ich noch ausführlicher berichten, was wir von den Paaren lernen können, die seit vielen Jahren miteinander durch dick und dünn gehen.

Was hält Paare zusammen?

Zweifellos ist es wichtig, mögliche Ursachen für das Scheitern von Beziehungen zu ergründen, damit man soweit wie möglich vorbeugen kann. Aber ebenso sinnvoll ist es herauszufinden, welche Beweggründe dahinter stehen, die Paare über so viele Jahre zusammenhalten. Solange Menschen zufrieden sind in ihrer Paarbeziehung, ist es nicht verwunderlich, daß sie zusammenbleiben möchten. Doch ist es höchst unwahrscheinlich, daß in einer langjährigen Beziehung durchgehend alles glatt geht. Krisen haben auch positive Seiten. Sie geben Anstoß für fällige Veränderung im Beziehungsgeschehen und fordern Weiterentwicklung heraus. „Selten oder nie entwickelt sich eine Ehe glatt und ohne Krisen zu einer individuellen Beziehung. Es gibt keine Bewußtwerdung ohne Schmerzen."[10]

Wenn mir jemand allen Ernstes erzählt, daß es in vielen gemeinsamen Jahren keine Tiefpunkte gegeben hat, dann werde ich sehr skeptisch. Deshalb haben wir den Teilnehmern unserer Untersuchung eine zweifache Frage nach ihren Beweggründen für das Zusammenbleiben gestellt. Nämlich: welches sind ihre Motive aus heutiger Sicht und was war in der schwierigsten Phase ihrer Paarbeziehung entscheidend?

Dies sind die Antworten, weshalb Frauen und Männer während der problematischsten Zeit an der Ehe festhalten wollten:
– Aus Liebe;
– Weil ich glaube, daß es trotz mancher Schwierigkeiten keinen besseren Partner für mich geben kann;
– Weil sich mein Partner auch in Krisen immer fair verhalten hat;
Die Männer fügten noch hinzu:
– Weil uns der bisherige gemeinsame Weg so stark verbindet;
– Aus Verantwortung gegenüber meinen Kinder und gegenüber meiner Partnerin;
Die Frauen nannten noch:
– Weil man in so entscheidenden Dingen nicht so leicht aufgibt;
– Aus der Überzeugung, daß Krisen unvermeidlich sind.

Zur Zeit der Untersuchung war die überwiegende Mehrheit der 105 befragten deutschen Paare zufrieden oder sehr zufrieden mit ihrer Paarbeziehung. 15 Paare waren unzufrieden. Die Antworten zu diesem Zeitpunkt zeigen also insgesamt die Einstellung zur Ehe in besseren Tagen.
Für die sehr zufriedenen Paare war außerdem wichtig:
– Weil es in unsere Ehe ein gutes Gleichgewicht zwischen Verbundenheit und Selbständigkeit gibt;

- Weil wir uns trotz zeitweiliger Spannungen gut ergänzen können;

Die sehr zufriedenen Frauen entschieden sich darüber hinaus für folgende Motive:

- Weil wir uns auf Veränderungen und Herausforderungen des Lebens einlassen und es deshalb bei uns nie langweilig wird;
- Weil wir unsere Vertrautheit schätzen;

Für die Ehemänner kommt an dieser Stelle:

- Weil Ehe ein Bündnis fürs Leben ist; sowie
- Aus Verantwortung gegenüber meiner Partnerin;

Auch im Acht-Länder-Vergleich ist „Liebe" als Beweggrund in guten wie in schwierigen Zeiten der absolute Spitzenreiter. Dann folgt das Motiv „Verantwortung" gegenüber dem Partner und den Kindern.

In all diesen Aussagen kommen Einstellungen und Lebensweisen zum Ausdruck, die eine stark bindende Kraft haben. Sie können uns Orientierungshilfe sein auf der Suche nach Liebe und Glück.

Was die Liebe trübt

Wir alle werden ständig mit der Herausforderung konfrontiert, das Leben zu meistern. Wer hat dies nicht erfahren: angefangen bei den alltäglichen Mühen und Widerwärtigkeiten, die uns beständig auf die Nerven gehen, bis hin zu schweren Schicksalsschlägen, die das Leben von einem Augenblick zum anderen verändern. Dazwischen mal wieder ein Glücksfall oder ein beschaulicher Lebensabschnitt, eine Schnaufpause. Notlagen oder gemeinsame Sorgen können ein Prüfstein für die Liebe sein. Hier zeigt sich, wie die Partner in schweren Stunden zusammenstehen.

Da wir uns in diesem Buch mit dem Leben als Paar beschäftigen, möchte ich nun einige Themen herausgreifen, die in Paarbeziehungen zu Belastungen führen. Die persönliche

Entwicklung jedes Partners im Zusammenhang mit den Lebensumständen erfordert nicht nur eine ständige Anpassungsleistung des einzelnen, sondern auch der Beziehung der beiden Partner.

Im Kapitel „Motive" scheint trotz positiver Grundeinstellung durch, daß Spannungen und Konflikte im Zusammenleben von Frau und Mann doch auch dazu gehören. Was uns das Leben als Paar mitunter so schwer macht, erlebt jeder auf seine Weise immer wieder. Loriot hat behauptet, daß Männer und Frauen grundsätzlich nicht zusammenpassen. Diese Behauptung ist gewiß so überspitzt wie seine Cartoons. Loriot deutet damit in humorvoller Weise auf das Dilemma zwischen den Geschlechtern hin. Obwohl im letzten Jahrhundert ungeheuerliche Veränderungen stattgefunden haben, gibt es noch immer genug Spannungsfelder. Ich möchte sogar behaupten, daß es gerade die Errungenschaft der Gleichberechtigung ist, die uns allerlei Konfliktstoff beschert hat. Alles hat eben seinen Preis. Dennoch ist die Anerkennung der Gleichwertigkeit trotz Andersartigkeit heute unumstritten eine grundsätzliche Voraussetzung für die Paarzufriedenheit. Echte Gleichwertigkeit zeigt sich im ausgewogenen Wechselspiel von Bestimmen und Anpassen.

Unterschiede zwischen Frau und Mann

Nach dem chinesischen Menschenbild sind Yin, das Weibliche, und Yang, das Männliche, in jedem Menschen angelegt: Yin gilt als die empfangende und Yang als die schöpferische Urkraft. Ob einer der beiden Pole bei uns stärker ausgeprägt ist oder beide annähernd im Gleichgewicht stehen, hängt weitgehend von unseren Vorbildern und Lernerfahrungen ab. Diese stehen wiederum in engem Zusammenhang mit den gesellschaftlichen Normen. In den vergangenen Jahrzehnten haben sich jedoch die Unterschiede im Leben der Frauen und Männer vermindert.

Das moderne Eheideal, die Gleichberechtigung beider Partner, ist mit einer zu starken Differenzierung nicht vereinbar.

Da wir uns in einer Übergangsphase befinden, sehen wir insbesondere bei älteren Paaren häufig noch die traditionelle Rollenteilung. Die Paarzufriedenheit muß dadurch nicht grundsätzlich beeinträchtigt sein. Entscheidend ist, ob die Erwartungen der Partner übereinstimmen. Wenn jedoch die moderne Frau mit dem Widerstand eines traditionell orientierten Ehemanns konfrontiert ist, wird die Ehequalität beeinträchtigt. Der Trend führt zu einer Annäherung der Geschlechtsrollen. Mit einer Angleichung männlicher und weiblicher Wesenszüge schwindet aber auch das positive Spannungsfeld zwischen den Geschlechtern, das über die biologischen Gegebenheiten hinausgeht. Die erotische Liebe beruht jedoch auch auf dieser Polarität!

Im großen und ganzen läßt sich beobachten, daß Frauen und Männer von sich selbst und vom Partner sehr ähnliches erwarten. In Wertorientierungen und Zielsetzungen unterscheiden sie sich kaum. Wenn wir uns mit Unterschieden zwischen Frauen und Männern auseinandersetzen, müssen wir uns auch fragen, weshalb sich Männer in der Regel zufriedener fühlen in ihrer Partnerbeziehung als Frauen. Dies hat sich nicht nur in unserer Studie gezeigt, sondern auch in vielen anderen Untersuchungen. Ebenso deuten Alltagsbeobachtungen darauf hin. Wir erfahren es in Gesprächen, und es zeigt sich darin, daß es vorwiegend Frauen sind, die den Entschluß zur Paartherapie fassen oder die Scheidung in die Wege leiten. Es gibt eine Reihe von Gründen, die das erklären können: Wenn es um die Einschätzung der Beziehungssituation geht, sind Frauen realistischer. Sie ziehen vor, sich mit den Konflikten auseinanderzusetzen, um sie zu lösen. Männer neigen eher dazu, die Probleme herunterzuspielen und versuchen, dem Ehestreß aus dem Weg zu gehen. Dazu kommt noch, daß Männer ihre Wünsche leichter durchsetzen können und die Frauen dabei oft zu kurz kommen. Darüber hinaus erhalten Männer mehr Unterstützung von ihren Frauen als umgekehrt, da es mit der Anerkennung der Gleichwertigkeit immer noch hapert.

Von den 21 Konfliktbereichen, die in unserer Studie angesprochen wurden, gehören bei den Frauen die Gewohnheiten des Partners, Unstimmigkeiten bezüglich Lebensphilosophie, der Umgang mit Eltern bzw. Schwiegereltern sowie die Verteilung der Hausarbeit zu den häufigsten Ärgernissen des Alltags. Aus der Sicht der Männer sind ebenfalls Eltern und Schwiegereltern und darüber hinaus Freizeitgestaltung sowie das Ausmaß an gemeinsam verbrachter Zeit häufig genannte Streitpunkte. Frauen und Männer berichten gleichermaßen, daß Angelegenheiten, die die Kinder betreffen – sie sind bei nahezu allen Paaren unserer Untersuchung inzwischen erwachsen –, nur in Ausnahmefällen Anlaß zu Streit geben. Daß das Konfliktpotential bei den unzufriedenen Paaren besonders groß ist, verwundert nicht. Die Frage stellt sich mehr danach, inwieweit der Streit die Unzufriedenheit verursacht oder eine tieferliegende Unzufriedenheit den Streit heraufbeschwört. Das ganze Beziehungsgeschehen ist außerordentlich komplex. Man kann jedoch bei anhaltender Unzufriedenheit beobachten, daß negative Einstellungen und abträgliche Verhaltensweisen an irgendeinem Punkt in einen Teufelskreis münden, aus dem sich die Betroffenen schwer wieder befreien können. Wenn Paare therapeutische Hilfe suchen, stehen sie meist schon unter großem Leidensdruck.

Sexualität

Der Problemkreis, der am häufigsten angesprochen wird, betrifft die Sexualität. Dies zeigt sich nicht nur in unterschiedlichen Fragestellungen unserer Untersuchung, sondern auch in der psychotherapeutischen Praxis und in Beratungsgesprächen. Die Frauen beklagen am häufigsten den Mangel an Zärtlichkeit, während Männer am meisten die sexuelle Übereinstimmung vermissen. Die Frage nach den unerfüllten Wünschen bestätigt zusätzlich, daß Frauen und Männer im Umgang mit Zärtlichkeit und Sexualität Schwierigkeiten haben, sich zu einigen. Die Frauen wünschen sich insbesondere mehr Einfühlung des Partners, häufigeren Gedankenaustausch, fröhliche Familienatmosphäre und vor allem mehr zärtliche Zuwendung. In der Wunschkategorie der Männer stehen sexuelle Übereinstimmung und sexuelle Erfüllung mit Abstand im Vordergrund, gefolgt von zärtlicher Zuwendung, Verständnis und Geduld.

Zärtlichkeit ist mehr als der Austausch von Gefühlen. Zärtlichkeit ist vor allem eine Geisteshaltung und kann nur auf der Basis von Vertrauen durch vorbehaltlose, angstfreie Zuwendung bestehen. Dieses Vertrauen entwickelt und festigt sich durch einfühlsames Aufeinander-Eingehen.

Was zum Konflikt führt, sind die unterschiedlichen Auffassungen bezüglich Zuneigung und Zärtlichkeit. Für Frauen ist emotionale Zuwendung der Schlüssel zum Sex, während Männer durch Sex die emotionale Nähe suchen. Beide wünschen sich Intimität und Nähe. Doch haben sie Schwierigkeiten, sich auf einen gemeinsamen Weg zu diesem für beide so bedeutenden Ziel zu einigen. Leben und lieben Frauen und Männer aneinander vorbei, wenn sie Intimität suchen? Die Frau fühlt sich verletzt durch wortkarge, zu direkte körperliche Annäherung. Sie sehnt sich danach, daß der Mann ihr Gehör schenkt, sie möchte angesprochen und eingestimmt werden. Der Mann fühlt sich zurückgewiesen, wenn die Frau in ihrer Enttäuschung seiner leidenschaftlichen Annäherung nicht vorbehaltlos begegnet. Er möchte unmittelbar und bedingungslos geliebt werden. Diese Diskrepanz führt in vielen Ehen zu Mißverständnissen und Spannungen. Trotz beiderseitiger Liebe und Sehnsucht findet man oft nicht in Liebe zueinander.

Nicht wenige Paare erleben nach längeren Zeiten sexueller Abstinenz wieder leidenschaftliche Phasen. Bei manchen allerdings schläft die Sexualität schon in relativ frühen Jahren ganz ein. Ursachen dafür können Überlastungssituationen oder die gravierenden Umstellungen nach Geburten sein. Häufiger aber wird die Zuwendung durch unbewältigte Partnerschaftskrisen blockiert. Wenn es die Partner nicht verstehen, das geistig-emotionale Klima lebendig zu gestalten, schwindet auch die Lust. Zwar gibt es Paare, die auch ohne Sex ganz zufrieden leben können, aber in vielen Fällen leidet mindestens einer der Partner unter dem Mangel an erotischem Austausch.

Aus einer großen Umfrage[11] mit Paaren aller Altersgruppen ging hervor, daß die Treue als Anspruch an die Partnerschaft den ersten Platz einnimmt. Auch in unserer Untersuchung wird der Treue eine wesentliche Bedeutung zugesprochen. Man weiß aber auch, daß Anspruch und Wirklichkeit weit auseinanderklaffen. Ein flüchtiger Seitensprung kann belanglos sein. Treue bedeutet über den sexuellen Aspekt hinaus, daß man sich auf den Partner verlassen kann. Häufig ist jedoch Untreue eine Folge von Unzufriedenheit in der Partnerbeziehung, die bei Frauen mehr im emotionalen und bei Männern im sexuellen Bereich begründet ist. Durch die Hinwendung zu einer oder einem Dritten wird die Entfremdung dann noch vertieft.

Im Unterschied zu diesen heimlichen Affairen gestehen sich in sexuell offenen Ehen die Partner gegenseitig außereheliche sexuelle Beziehungen zu. Dieses Zugeständnis setzt überdurchschnittliche Selbstsicherheit beider Partner, großes Vertrauen, Offenheit und gute Kommunikation voraus. Daß solche Vereinbarungen dennoch nicht unproblematisch sind, zeigt die Tatsache, daß offene Ehen häufiger durch Scheidung beendet werden. Sobald eine stärkere emotionale Beteiligung ins Spiel kommt, fühlt sich der Partner wie das fünfte Rad am Wagen. Wahre Liebe läßt sich nicht teilen! „Zur Liebe gehört die Tiefe und die Treue des Gefühls, ohne welche die Liebe nicht Liebe, sondern bloß Laune ist."[12]

Düstere Seiten der Liebe

Ein wesentliches Charakteristikum einer Liebesbeziehung ist die Intensität der Gefühle. Daß auch oder gerade in engen Beziehungen Spannungen unumgänglich sind, wurde bereits angesprochen. Wenn Frau und Mann, aufgerieben durch Alltagsbelastungen und unterschiedliche Wünsche und Bedürfnisse, ihr Leben unter einen Hut bringen müssen, bleiben Aggressionen nicht aus. Neben den positiven Emotionen stehen plötzlich negative Reaktionen wie Unmut, Ärger und Verstimmung. Dies ist soweit auch sinnvoll, da der Weg zu einer gemeinsamen Problemlösung oft nur über eine Auseinandersetzung möglich ist. Entscheidend ist in derartigen Situationen, wie die Partner mit dem Konflikt umgehen. Sind sie fähig, ihre Standpunkte im Gespräch klarzumachen, eine für beide zufriedenstellende Lösung zu finden oder sich auf einen Kompromiß zu einigen? Es können sich auch Schwierigkeiten ergeben, die sich nur überwinden lassen, indem man lernt, mit den Unterschiedlichkeiten spannungsfrei zu leben. In destruktiven Machtkämpfen eskalieren die negativen Gefühle leicht. Ärger kann sich dann bis zu Wutausbrüchen steigern. Verletzungen durch Emotionen, die außer Kontrolle geraten, können Verzweiflung und Depression nach sich ziehen. Die auslösenden Probleme bleiben bestehen. Niemand kann uns tiefer verunsichern und verletzen als der geliebte Partner. Ebenso fatal ist es, anstehende Auseinandersetzungen zu vermeiden. Während der Konflikt schwelt, breitet er sich unbeachtet aus. Der notwendige lebendige Kontakt ist unterbrochen. In Rückzug und Isolation hungert die Liebe aus.

Die extremen Fälle, wo Liebe in Feindschaft, Haß und Gewalt umschlägt, werden nicht nur auf der Bühne inszeniert. Sie sind allzu oft erschütternde Realität. Darum wehret den Anfängen! Seid achtsam mit der Liebe! Konstruktives Problemlösen läßt sich erlernen.

Was macht Ehen glücklich?

Auf die Frage, was Ehen zusammenhält, bin ich bereits eingegangen. Aber da wir uns doch eine glückliche Ehe wünschen, scheint mir die Frage, wie das gelingen kann, viel wichtiger zu sein. Zusammenbleiben um jeden Preis, steckenbleiben in einer Dauerkrise, das kann nicht der Sinn der Ehe sein. So möchte ich nun berichten, was wir bei den glücklichen Paaren unserer Studie beobachten konnten. Wir kommen also zu den Prozessen, durch die wir selbst unsere Beziehung gestalten können, wenn wir sie bewußt und gekonnt einsetzen. Gute Kommunikation, Problemlösefähigkeit und Anpassungsbereitschaft sind die Voraussetzung, um Übereinstimmung zu erreichen. Die Verwirklichung von physischer, emotionaler und geistiger Intimität oder Nähe fällt uns im Anfangsstadium spontan durch die Liebe zu, kann aber später nur durch achtsamen Umgang miteinander erhalten und vertieft werden.

Durch komplexe statistische Analysen läßt sich bestimmen, welches Einflußgewicht diese Prozesse für die Erhaltung von Paarzufriedenheit haben. Die unten genannte Reihenfolge entspricht der Bedeutung.

Dies sind:
– das Ausmaß an erlebter Nähe und Intimität;
– die Qualität des Problemlöseverhalten in der Partnerbeziehung;
– die erlebte Übereinstimmung in Einstellungen und Verhalten;
– die Qualität der Paar-Kommunikation;
– die erlebte beiderseitige Anpassungsfähigkeit.

Der Unterschied zwischen Männern und Frauen liegt nur in der Gewichtung.

Diese Reihenfolge wurde in der Studie mit Langzeitehen festgestellt.

Bei jüngeren Altersgruppen nehmen Kommunikation und Problemlöseverhalten die Schlüsselstellung ein. Daraus folgt etwas sehr Wichtiges: Wenn Sie die Kommunikationsregeln beherrschen, sind Sie auf dem besten Weg, Übereinstimmung, Intimität und Zufriedenheit mit dem Partner zu erreichen. Erlernen Sie die Kunst des Paargesprächs![13] Das ist eine aussichtsreiche Investition für eine glückliche Zukunft.

Um zu erfahren, was den Teilnehmern unserer Studie aus ihrer persönlichen Sicht am wichtigsten erscheint, um glücklich zu sein, haben wir eine Liste mit 42 „Bedingungen für Ehezufriedenheit" vorgelegt und gebeten, uns die zehn wichtigsten zu nennen. In allen acht Ländern haben Frauen und Männer gleichermaßen „Liebe und Zuneigung, Vertrauen, Treue und Offenheit" als wichtigste Voraussetzungen der Paarzufriedenheit genannt. Das große Votum für die Liebe zieht sich wie ein roter Faden durch die Ergebnisse der Untersuchung. Auch zärtliche Zuwendung, sexuelle Übereinstimmung, ähnliche Lebensphilosophie, gemeinsame Interessen, Verständnis und Geduld sowie Verläßlichkeit gehören sowohl für Frauen als auch für Männer zu den wichtigen Grundlagen einer guten Partnerbeziehung. Allerdings zeigen sich hier bei Frauen und Männern bereits Unterschiede in den Präferenzen. Je mehr dieser Qualitäten gegeben sind, um so zufriedener sind die Paare mit ihrer Beziehung.

Nachdem ich bereits auf kritische Aspekte der Sexualität eingegangen bin, möchte ich noch betonen, daß Sexualität zu allen Zeiten der Ehe ein Elixier besonderer Art sein kann. Wenn sie einer tiefen Zuneigung entspringt, kann vertraute Zärtlichkeit lustvoll spielerisch sein, ausgleichend entspannend, beglückend und verbindend.

Mehr als in allen anderen Beziehungsbereichen, kommt es bei der Sexualität auf beiderseitige Einfühlung und Gleichklang an.

Was die Liebe braucht

Häufig beginnt Liebe mit spontaner gegenseitiger Anziehung. Doch wenn es um den Erhalt der Liebe geht, ist es mit Attraktion allein nicht getan. Es reicht auch nicht aus, all die Fehler zu vermeiden, die der Liebe schaden. Wenn wir die Liebe hüten wollen, muß es schon etwas mehr sein.

Grundsätzlich hängt der Fortbestand der Liebe von beiderseitiger Bereitschaft und von beiderseitigem Engagement ab.

Denn Liebe ist keine Einbahnstraße. Wenn wir nur an unsere eigenen Bedürfnisse denken und nicht an die des anderen, verhalten wir uns wie ein Kind. Diese Haltung entspricht nicht einer reifen Liebe. Rollenteilung kann Fürsorge erleichtern, soweit es sich um praktische Aspekte handelt. Die Beziehungsarbeit muß jedoch immer ein beiderseitiges Anliegen sein. Gewiß kann es Zeiten geben, in denen mal der eine, mal der andere mehr gefordert ist. Doch wenn sich das Ungleichgewicht einspielt, brennt der Gebende emotional aus und mit ihm die Liebe selbst.

Der Volksmund sagt:
Geteiltes Leid ist halbes Leid,
Geteilte Freud ist doppelte Freud.

Der Schlüssel zum Gedeihen der Liebe ist die Gegenseitigkeit, ob es nun gegenseitige
Anerkennung
Respekt
Verständnis
Fürsorge
Ermutigung
Unterstützung
sein mag oder der Austausch von Gedanken, Gefühlen und Zärtlichkeit.
Dazu gehört auch das Miteinander und die Gemeinsamkeit:
Gemeinsame Werte
Interessen
Aktivitäten und
gemeinsames Genießen.
Denn im aufmerksamen und beständigen Wechsel von Geben und Nehmen liegt die Kraft, die uns verbindet. Liebe ist, aneinander wachsen, miteinander reifen.

Was der Liebe nicht nützt

Um es noch einmal zu betonen, ein Ungleichgewicht von Geben und Nehmen kann in zeitlich begrenzten Ausnahmesituationen zweifellos hilfreich oder sogar notwendig sein. Manchmal verbirgt sich aber hinter einseitigen Bemühungen Dominanzstreben und Manipulation. Wenn man sich darauf einigen kann, daß jeder Partner in bestimmten Bereichen jeweils den Ton angibt, entsteht insgesamt jedoch ein gutes Gleichgewicht. Auf Dauer und ohne Not dienen aber Aufopferung oder übermäßige Anpassung der Liebe nicht. Denn nur wenn beide Partner auch individuelle Entwicklungschancen haben, kann der Dialog lebendig bleiben, kann die Liebe gedeihen. Eine Paarbeziehung ohne Eigenständigkeit ist nicht Liebe, sondern Abhängigkeit. Das grundsätzlich Gute und Nützliche kann damit sogar schädlich sein:

Zuviel Geduld,
zu langes Schweigen, wenn Konflikte aufkommen,
andauerndes, einseitiges Anpassen,
zu lange warten, wenn eine Veränderung fällig ist, und
schließlich das passive Hinnehmen einer unerträglichen
Situation.

Was der Liebe schadet

Wie alles Lebendige hungert auch die Liebe aus, wenn sie nicht bekommt, was sie braucht. Die am häufigsten genannten Trennungsgründe nach einer mißglückten Liebe sind Langeweile und destruktives Problemlösen. Langeweile wird sowohl durch rigide Alltagsroutine als auch durch Überdruß verursacht. Die Konsequenz ist Verlust an Interesse und Mangel an Initiative. Der lebendige Austausch geht verloren. Der Zustand „Überdruß" entsteht in unserer Wohlstandsgesellschaft durch übermäßigen passiven Konsum einer Vielzahl verlockender Dinge. Alles, was man ohne Anstrengung und allzu reichlich haben kann, Bequemlichkeit, Unterhaltung, Waren, verliert seinen

Reiz. Das Leben wird als eintönig und trist empfunden, leer trotz Überfluß. Das ist kein gutes Liebesklima. Zur Liebe gehört auch Lebenslust. Beide bedingen sich gegenseitig.

Was tun, wenn sie bemerken, daß der Partner immer gleichgültiger wird, sich mehr und mehr abkapselt, wenn der Gesprächsstoff ausgeht und sich das Unbehagen allmählicher Entfremdung ausbreitet?

Fragen Sie sich, ob Sie für ihn / sie langweilig geworden sind.
  Bleiben Sie selbst lebendig.
  Tun Sie etwas für Ihre eigene Persönlichkeitsentwicklung.
  Sorgen Sie für Überraschungen.
  Sagen Sie, was Sie brauchen, und holen Sie sich das, was Ihnen fehlt.
  Vor allem aber, passen Sie auf, daß Sie nicht ins gleiche Fahrwasser geraten.
Ergreifen Sie selbst die Initiative! Oder möchten Sie resigniert zuschauen, wie das Feuer Ihrer Liebe stetig schwächer wird und schließlich erlischt?

Ebenso abträglich kann ständige Überaktivität sein. Auch sie schafft Distanz, wenn dabei der Partner zur bloßen Begleiterscheinung wird. Mehr oder weniger bewußt kann man auch auf diese Weise Nähe und Intimität vermeiden.

Glückliche Paare berichten, daß sie aus interessanten eigenen und gemeinsamen Aktivitäten Zufriedenheit schöpfen und aus dieser Stimmung heraus immer wieder zum persönlichen Austausch angeregt werden. Neues ausprobieren, Kreativität und Unternehmungslust statt passivem Konsum – diese Atmosphäre wird der ganzen Familie zugute kommen. Hier zeigt sich wieder die Bedeutsamkeit des Gleichgewichts von Eigenständigkeit und Gemeinsamkeit. Auch „sexuelle Leidenschaft als Teil von Intimität ist auf Dauer nur bei Ich-nahen, ebenbürtigen Partnern möglich. Nur wer gut allein leben kann, ist auch fähig, ohne Angst vor dem Ausgenutzt- oder Aufgefressenwerden einen gemeinsamen Raum von Verbindlichkeit zu pflegen und sich immer wieder lustvoll fallen zu lassen in der sexuellen Verschmelzung."[14]

Auch die ganz große Liebe kann nie perfekt sein. Unzulänglichkeiten und Fehler sind menschliche Realität. Worauf es letztlich ankommt, ist das Verhältnis von positiven und negativen Gefühlen. Das Erfüllende muß das Verletzende weit überwiegen. Maßgebend für Glück und Zufriedenheit in der Liebe ist, inwieweit die Partner gegenseitig ihre wesentlichen Bedürfnisse in gleichwertiger Anerkennung erfüllen können.

In unserer Untersuchung kommt zum Ausdruck, welch außerordentliche Bedeutung der Liebe in der Langzeitehe gegeben wird. Emotionale Nähe und Intimität sind das Herzstück der Liebe. Sie können nur auf der sicheren Basis gegenseitigen Vertrauens entstehen und bestehen in Offenheit, Ehrlichkeit und Aufrichtigkeit. Für glückliche Paare haben diese Eigenschaften die höchste Priorität.

„Das Wunder der Liebe ist nur dann möglich, wenn es sich nicht nur im eigenen Herzen, sondern auch im Herzen des anderen vollzieht."[15]

Anmerkungen

[1] Sternberg R. & Grajek S., 1984, The Nature of Love. Journal of Personality and Social Psychology 47. S. 312–329.

[2] Willi J., 1991, Was hält Paare zusammen? Rowohlt, Reinbek, S. 347.

[3] Lee J. A., 1976, The Colors of Love. Englewood Cliffs, N. J.: Prentice – Hall.

[4] Hazan C. & Shaver P., 1987, Romantic love conceptuaized as an attachment process. Journal of Personality and Social Psychology 52. S. 512–524.

[5] Jung C. G., Gesammelte Werke Bd. 17, 55.

[6] Gesammelte Werke Bd. 2, 494.

[7] Gesammtelte Werke Bd. 17, 95.

[8] Willi J., 1991, Was hält Paare zusammen? Rowohlt, Reinbek S. 233.

[9] Ebd. S. 344.

[10] Jung C. G., Gesammelte Werke Bd. 17, 218.

[11] Umfrage des Allensbacher Institutes für Demoskopie, 1993.

[12] Jung C. G., Gesammelte Werke Bd. 10, 131.

[13] Engl J. & Thurmaier F., 1994, Wie redest du mit mir? Herder, Freiburg.

[14] Welter-Enderlin R., 1995, Paare – Leidenschaft und lange Weile. Piper, München, S. 287.

[15] Moravia A., Die Verachtung.

Weitere Literatur

Ursel Bucher, Der Traum vom großen Glück. Kösel-Verlag

J. Engl / F. Thurmeier, Wie redest du mit mir? Herder/Spektrum

Gottman J., 1994, Why Marriages Succeed or Fail. Simon & Schuster, New York.

Hammerschmidt H. & Kaslow F., 1995, Langzeitehen: Eine Analyse der Zufriedenheit. Familiendynamik, 20,1.

Kaslow F. & Hammerschmidt H., 1992, Long Term Good Marriages: The seemingly essential ingredients. Journal of Couples Therapy, 3, 2/3.

Verena Kast, Paare. Kreuz-Verlag

Arnold Lazarus, Fallstricke der Liebe. Klett-Cotta

Rüdiger Rogoll, Nimm mich, wie ich bin. Herder/Spektrum

Sharlin S., Kaslow F. & Hammerschmidt H., Hrsg.: Long Term Successful Marriages. In Vorbereitung. Haworth Press, Binghamton, N. Y.

Judith S. Wallerstein / Sandra Blakeslee, Gute Ehen. Beltz Quadriga

Willi J., 1990, Die Zweierbeziehung. Rowohlt, Reinbek.